HB Bild atlas

Liebe Leserinnen, liebe Leser!

Der Fotograf Holger Leue reist gerne nach Australien und hat ›Down Under‹ schon etliche Bildbände & Kalenderprojekte verwirklicht.

Wolfgang Veit, freier Reisejournalist aus München, war insgesamt mehr als zwei Jahre kreuz und quer in Australien unterwegs.

Woran denken Sie, wenn Sie das Wort Australien hören? Natürlich: an Kängurus, den roten Felsen Uluru und das Opernhaus von Sydney.

Doch Australien ist mehr als das. Vor allem an der Ostküste entfaltet sich das Land in einer Vielfalt und Pracht, wie man sie kaum für möglich hält. Pulsierende Millionenstädte wie Sydney und Brisbane – und gleich in nächster Nachbarschaft paradiesische, einsame Badebuchten. Üppige Tropenlandschaften – und karge, öde Steppen. Wogende Weinberge und schroffe Felsen, aber auch schier endloses, brettflaches Land, das sich am Horizont zu verlieren scheint.

Australiens Osten ist eine Region der Superlative: die ältesten Regenwälder der Erde mit einigen der ältesten Lebewesen der Welt sind hier zu finden, die größte Sandinsel der Welt, das längste Korallenriff des ganzen Planeten, das sich mehr als 2000 km in Nord-Südrichtung an der Küste entlangzieht. Dazu kommen, als ständige Reisebegleiter, blauer Himmel, die stechende Sonne, das brandende, glasklare Meer. Und natürlich: die liebenswerten Australier.

Last not least stehen auch die leiblichen Genüsse ganz obenan. Einige der besten Weine der Welt gilt es zu probieren und eine frische, leichte Pazifische Küche, die ›Moderne Australische Küche‹, die auf herrliche reine Zutaten bauen kann. Viel Spaß wünscht Ihnen dabei

Ihr HB-Bildatlas-Team

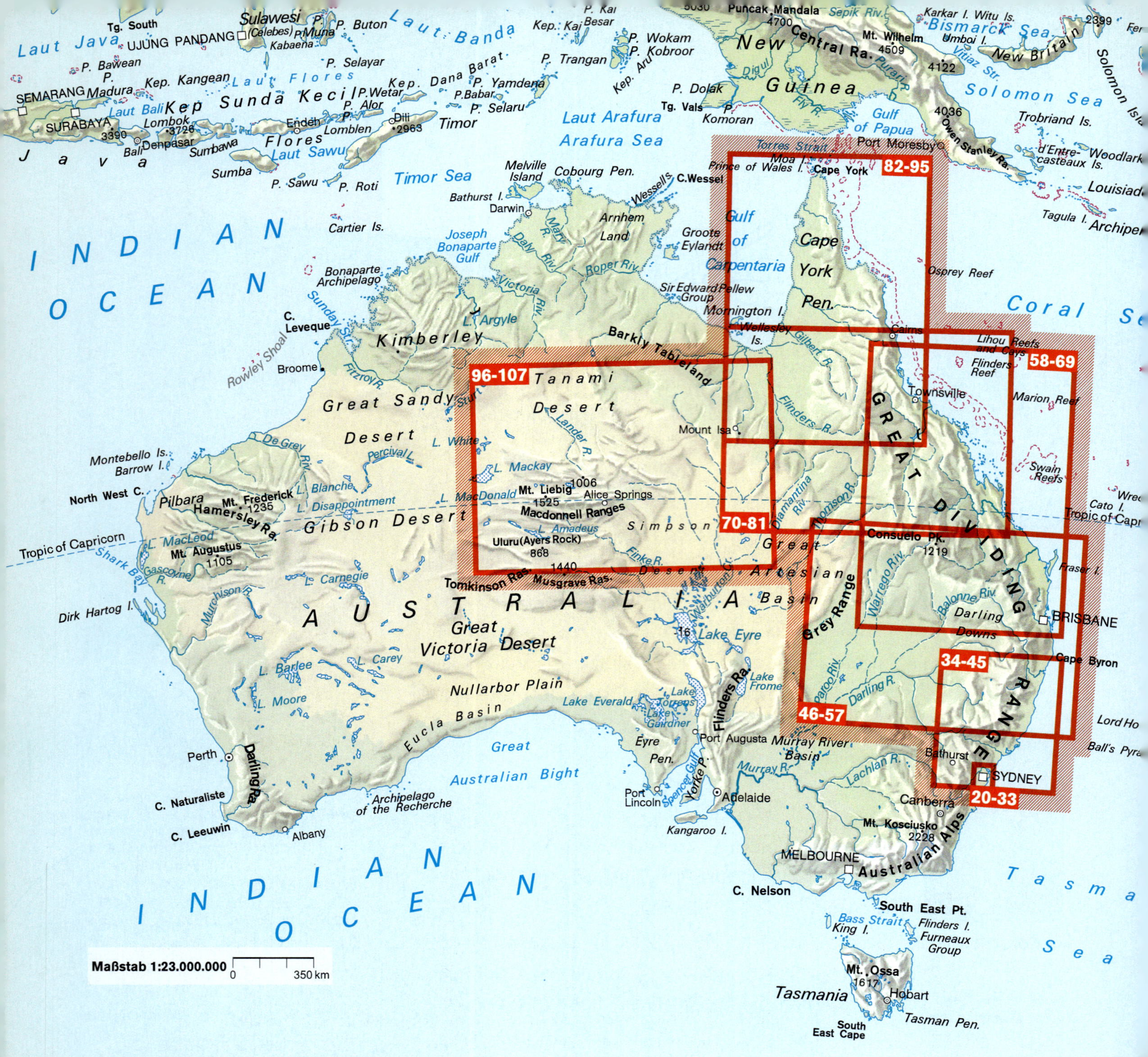

Queensland lockt mit Tropenzauber

Sydneys Wahrzeichen, das architektonisch originelle Opernhaus, im versöhnlichen Abendlicht

Inhalt

TOP ZIEL – BESONDERS SEHENSWERT

Erhebend

Sie ist ein Highlight – im wahrsten Sinne des Wortes: die Klettertour auf die Hafenbrücke von Sydney. So viel Höhe bringt nicht nur gute Laune bei allen wackeren Kletterern mit sich, sondern vor allem Traumblicke auf eine der schönsten Städte der Welt.

Rhapsodie in Blau

Zeit für eine Blau-Pause – im malerischen Whitsunday-Gebiet schwelgt Mutter Natur geradezu in allen möglichen Blautönen. An einsamen Sandstränden und auf Mini-Inseln kann man eines vortrefflich: einfach mal blaumachen. Kein Wunder, dass die Whitsundays eines der beliebtesten Urlaubsgebiete Australiens sind.

Kunterbunte Unterwelt

Under Down Under treibt es die Natur kunterbunt – nur wenige Meter unter dem Meeresspiegel am Großen Barrierriff gehen Taucher und Schnorchler bei tropischen Temperaturen gerne auf Tuchfühlung mit hunderten Fischspezies, farbenprächtigen Korallenstöcken und bizarren Höhlenlandschaften. Einmal schwerelos in dieser Wunderwelt schweben – wer möchte das nicht?

Alle am Board

Wenn die Sonne über den Stadtstränden von Sydney lacht, der Wind auffrischt und herrliche Wellen außerhalb der geschützten Buchten locken, kennen die Kids kein Halten mehr. Mit ihren Boards paddeln sie bäuchlings hinaus, den Wogen entgegen – und dann geht die Post ab. Surfen gehört denn auch zu den Lieblingssportarten der australischen Jugend. Kein Wunder, bei den Voraussetzungen!

MULTIPLEX

Hoch hinaus

Sie scheinen wie Finger auf den aufgehenden Mond zu deuten, die Hochhäuser, die sich rund um den Brisbane River gruppieren. Auch Queenslands Hauptstadt will seit einigen Jahrzehnten hoch hinaus; Tourismus, Handel und Bankwesen haben viel Geld in die einst beschauliche Metropole gespült. Und so steigen die Immobilienpreise kontinuierlich.

Zauberberg

Er wirkt wie hineingezaubert in die brettebene Landschaft, Australiens berühmtester Monolith, Uluru. Kein Wunder, dass die Ureinwohner dem Berg zahllose Mythen gewidmet haben. In ihm sollen die Schöpferwesen aus der Traumzeit, der Entstehungszeit der Erde ruhen. Jeder, der den heiligen Felsen besteigt, stört diese Urahnen!

Immer auf dem Sprung

Sie machen rekordverdächtige Sprünge: Australiens Riesenkängurus schaffen bis zu zwölf Meter und stellen damit jeden Olympioniken in den Schatten. Der Name soll sich aus einer Begegnung zwischen Captain James Cook und Ureinwohnern ableiten – als Cook einen Aborigine nach dem Namen der Tiere fragte, antwortete er: ›Kanga-roo‹, was übersetzt heißt: ›Ich verstehe dich nicht.‹

Blick auf Sydney mit Hafenbrücke und Opernhaus, vorne rechts das Viertel Kirribilli

Die Perle am Pazifik

Schon der Name übt einen Zauber aus und weckt Bilder: Sydney, das ist doch diese Stadt mit der Hafenbrücke – dem ›Kleiderbügel‹ – und dem Opernhaus, den quirligen grünen Fähren und den stets fröhlichen Menschen. Die jungen Australier schwärmen vom Nightlife und den tollen Jobmöglichkeiten, Genießer loben die schicken Restaurants, Schöne und Reiche das erstklassige Shopping. Und Sportler erinnern sich an das kunterbunte Olympiadefest zu Beginn des neuen Jahrtausends. Keine Frage: Sydney ist eine der schönsten Städte der Welt – eine Metropole, die süchtig macht.

▲ *Hafentour per Stadtfähre*

▲ *Auf Klettertour an der Hafenbrücke*

▼ *Subtropen-Idyll im Botanischen Garten*

▲ Gastspiel am Circular Quay

▼ Muscheldach des Opernhauses

Frühmorgens ist diese Stadt einfach nur australisch. Wenn man, nach langem Nachtflug von Singapur oder anderswo kommend, am Kingsford Smith-Flughafen in ein Taxi steigt, begrüßen einen hunderte tschilpende Sittiche in Eukalyptusbäumen, deren Duft nach Hustenbonbons von nun an immer in die Nase steigen wird. Die Sonne brutzelt letzten Taudampf von Wellblechdächern hinweg, die Luft schmeckt krisp, so labend rein wie gutes, klares Mineralwasser. Und wenn man dann, noch unruhig von der Nacht, durch die Botanischen Gärten streift, dann spürt man, dass die Sonne Kraft hat hier unten. Es britzelt und bietzelt auf der Haut – und alle Sinne scheinen zu erwachen. Von irgendwoher krächzen Kookuburras, Eichhörnchen treiben ihr munteres Spiel auf dem wie frisch getüncht wirkenden Rasen; die Morgenbrise trägt den Geruch frisch gebackener Cookies heran und verliert sich dann doch recht schnell in einigen Palmen und Araukarien. Nein, wird man sich denken, das ist keine Weltmetropole, sondern ein Dorf inmitten eines Naturparks.

SPECIAL

Kneck to Knee

Kaum zu glauben: Am Bondi Beach durfte man sich bis zu Beginn des 20. Jahrhunderts nur ›gut betucht‹ sehen lassen. Der Grund: Das Allgemeine Öffentliche Badeverbot, das für ganz Australien galt, erlaubte nur eine Ausnahme: den Spaß im Nass während der Dunkelheit der Nacht. 1903 fiel das Verbot zum Jubel vieler zehntausend Sydneysider, die fortan die warmen Frühlings- und Sommermonate zwischen September und April am Strand verbringen konnten. Als hinderlich erwiesen sich dabei nur die ›kneck-to-knees‹. Denn die unförmigen Badeanzüge aus schwerem Stoff reichten vom Nacken bis zu den Knien – und sogen sich schnell voll Wasser. Wie viel leichter tut man sich da heute – in knappen Bikinis und Badehosen.

Doch schon mittags dreht die Stadt voll auf. Dann flitzen sie durch die Häuserschluchten, die Bänker, Broker und Büroangestellten mit ihren Krawatten, die vom Wind über die Schulter gedrückt werden. Dann brandet der Verkehr über den Cahill

▲ Sydney feiert Silvester

▲ Feuerwerk mit Traumkulisse

▼ Ausgeh-Meile Circular Quay

▲ Drag Queens beim Mardi Gras

▼ Lichterglanz am Opernhaus

Expressway; das Knirschen der Vorortzüge, Lautsprecherlaute, das Röhren der Busse von Alfred Street Station, die ›Ah‹'s und ›Oh‹'s der Touristen am Opernhaus, das dieseldampfende Stampfen der Fähren mischen sich zum kakophonen Song dieser Stadt. Längst sind die Kookaburras verstummt, die Eichhörnchen auf die Bäume geflüchtet; an Australien erinnern jetzt nur noch die Didgeridoo-Spieler am Circular Quay, die aus Leibeskräften versuchen gegen den Radau anzupusten.

Das süße Leben der Sydneysider

Denn, keine Frage, Sydney ist das wirtschaftliche Kraftzentrum Australiens – ›in Sydney wird das Geld verdient, im Rest des Landes ausgegeben‹, so ein Bonmot. So ganz mag diese Weisheit nicht mehr stimmen, zu viel der Verlockungen gibt es mittlerweile in der Opernhaus-Stadt. Da wären die über 30 Strände in unmittelbarer Zentrumsnähe, die so manchen Angestellten gerne auch unter der Woche mal einen ›Feiertag‹ einlegen lassen; wenn blaues Meer und blauer Himmel gleichermaßen locken, gilt blaumachen als durchaus salonfähig – an Regentagen wird der Rückstand wieder aufgeholt. O ja, die Sydneysider haben spätestens mit der Mega-Olympiade im Jahr 2000 einen ausgeprägten, polyglotten Sinn fürs süße Leben entwickelt. Ein guter Gradmesser ist die Zahl der Restaurants, die ständig steigt; längst heißen sie ›Guillaume‹ oder ›Bécasse‹, Szene-Treffpunkte kommen mit Namen wie ›Cohibar‹ oder ›Überbar‹ einher; man tanzt Salsa und Merengue in den Clubs und wer mag, kann sogar mittlerweile mit einem Helikopter zum Kneipenbummel aufbrechen – Kosten der sechsstündigen Tour der ›Sydney Helicopters‹: runde 1300 Euro.

Eine ruhmlose Vergangenheit

Einzig der Snobismus, der in vielen anderen Weltstädten gepflegt wird, er geht den Sydneysidern ziemlich ab; man fühlt sich hier wie anderswo auf dem Fünften Kontinent doch der egalitären australischen Denke verpflichtet. Und die kommt nicht von ungefähr. Schließlich schepperten Ketten in den ersten Tagen dieser Stadt, bellten britische Aufseher harsche

▲ Alt und Neu – Kontrast in der Innenstadt

▲ Aborigine-Malerei in der Art Gallery of New South Wales

▲ Flower-Power

▼ Shopping im Queen Victoria Building

▼ *Im Elizabeth Bay House*

Kommandos in die klare Luft und klopften schwere Hammer auf den beinharten Fels, auf den Sydney gebaut ist. The Rocks, jenes Viertel, das in den 1970er-Jahren um ein Haar einigen Bauspekulanten zum Opfer gefallen wäre, erinnert an die ruhmlose Sträflingsvergangenheit der Stadt, die ihren Namen von Lord Thomas Townshend Sydney bekam, jenem britischen Kolonialminister, der 1788 den Auftrag gab, auf der Terra Australis Incognita, dem großen unbekannten Südland, eine Sträflingssiedlung gründen zu lassen. Ein Auftrag, den der damals 50jährige Flottenkommandeur, Captain General Arthur Phillip, nur zu geflissentlich ausführte – und dessen Ergebnis sich heute, mehr als 200 Jahre später, trotz aller Leiden sehen lassen kann.

Stadt der Vielfalt

Denn diese Stadt ist ein herrliches Ensemble aus Hightech-Architektur und Naturhafen, aus wogenden Hügeln, über die sich, wie ein wohl geordnetes Heer, die Infanterie aus braven Einfamilienhäuschen zieht, aber auch aus einsamen Buchten, Eukalyptenwäldern und ödem Buschland. Längst ist auch Sydney ein Mikrokosmos – die offene australische Einwanderungspolitik zwischen 1947 und 1977 trug ihren Teil dazu bei. Nein, langweilig wird es bei dieser Vielfalt ganz gewiss nicht: Hier die afrikanischen Studenten, die sich in den Cafébars von Darlinghurst nach der Vorlesung zum Schwatz treffen, dort die irischen Leckerschmecker, die frühmorgens den fabelhaften Sydney Fish Market stürmen, um dort tropfendfrische tasmanische Austern zum kleinen Preis zu schlürfen. Hier die amerikanischen Shop-A-Holics, die aus den schicken Boutiquen der Strand Arcade treten, dort die biederen australischen Familienväter, die in eintönigen Vororten wie Parramatta oder Guildford allabendlich den Grill zum fröhlich-nachbarschaftlichen Barbecue anheizen. Und hier wie dort Schwule oder Lesben aus Japan, Tahiti und Berlin, aus London, New York City oder auch nur Brisbane, die sich alljährlich zum schrillen Gay and Lesbian Mardi Gras treffen, dem großen bunten Aufmarsch der federboabewehrten und pailettenglitzernden Drag Queens durch die Szeneviertel rund um die Oxford Street.

▲ Bummelmeile Darling Harbour

▲ Alles klar, Mate?

▼ Im Sydney Aquarium

▼ Auf die Welle, fertig, los!

▲ Monorail nach Darling Harbour

▼ Tor zur Chinatown

Zwischen Punk und Postkarte

Dem Sydney-Besucher wird es sehr bald so gehen wie einem Bumerang; er wird immer wieder zurückkehren, und zwar in das eigentliche Zentrum dieser Stadt, ans Circular Quay, diese so seltsame, doch faszinierende Mischung aus Touristenkitsch und Hippieleben, aus Kommerz und Kunst, aus Punk und Postkarte. Am Circular Quay führt einfach kein Weg vorbei! Wenn das offizielle Sydney feiert, ist hier kein Quadratmillimeter Platz mehr zu bekommen, denn sehr gerne werden Sydneys Festivitäten um die spektakuläre Hafenbrücke oder Jörn Utzons lange angefeindetes, erst 1973 nach 16 Jahren Bauzeit fertig gestelltes Opernhaus inszeniert. Doch auch ohne grandioses Silvesterfeuerwerk, ohne ›Sydney to-Hobart‹-Segelregatta oder sonst einen gebührenden Anlass ist das Panorama einfach zu prächtig, um es nicht wenigstens fünf-, sechsmal bewundert zu haben. Ja, denn wenn sonst auch manches nicht oder nicht mehr an Australien erinnert in dieser Stadt – dieses Panorama tut es ganz gewiss.

SPECIAL

Jammer nach dem Fest

Es waren wohl die ersten olympischen Sommerspiele, die im europäischen Frühherbst stattfanden. Vom 15. September bis 2. Oktober 2000 dauerte die Olympiade in Sydney – ein friedliches Fest der Sportler aus aller Welt, aber auch ein Fest der Superlative, vor allem, was die Kosten anging, die sich auf runde 1,5 Mrd. Euro beliefen. Nun, nachdem in Stadien wie dem futuristischen Stadium Australia nur noch ›ganz normale‹ Rugby-Spiele über die Bühne gehen, bleibt der Katzenjammer nicht aus. Mit dem olympischen Dorf Newington wurde ein neuer Stadtteil geschaffen – und ein Überangebot an Wohnraum, das zu rapide sinkenden Immobilienpreisen führt. Viele Hotels mussten die Zahl ihrer Zimmer deutlich reduzieren, weil der erhoffte Olympia-Effekt durch das Attentat auf das World Trade Center am 11.9.2001 zunichte gemacht wurde. Und auch Sydneys Stadtkasse ist durch die Investitionen in die Infrastruktur tief ins Minus gerutscht.

SYDNEY
Maßstab 1:15.000
0
200 m
KIRRIBILLI
Milsons Point
Kirribilli Point
Blues Point
McMahons Point
Goat Island
Dawes Point
DAWES PT
1 Downshire Place
2 Bushell Place
3 Cumberland Place
4 Greenway Lane
5 Bakehouse Place
Walsh Bay
Millers Point
Sydney Harbour Bridge
Sydney Harbour Tunnel
Sydney Harbour
Fort Denison
Bennelong Point
Sydney Opera House
Man O'War Jetty
Port Jackson
THE ROCKS
Earth Exchange
Campbells Cove
Sydney Cove
Overseas Passenger Terminal
Mrs. Macquaries Point
Mrs. Macquaries Chair
Garden Island
Garden Island Facility
Government House
SYDNEY
Farm Cove
Ferry Wharfes
Circular Quay
Cahill Expressway
MILLERS PT
Observatory Park
Darling Harbour
Royal Botanic Gardens
Conservatorium of Music
Potts Point
Fitting out Wharf
The Andrew (Boy) Charlton Pool
Woolloomooloo Bay
Naval Dockyard
Captain Cook Graving Dock
Boat Harbour
Elizabeth Bay
Elizabeth Point
ELIZABETH BAY
Sydney Passenger Terminal
Pyrmont Bay
Darling Harbour Pass.Term.
Western Distributor
Grosvenor
Wynyard
Martin Pl
Parliament House
State Library
Sydney Hospital
The Mint Museum
1 Stables Lane
2 Seale Lane
3 College Lane
4 McCarthy Place
The Domain
Art Gallery of N.S.W.
Cowper Wharf Roadway
POTTS PT
Aust. Nat. Maritime Mus
Harbourside
Sydney Aquarium
Pyrmont Bridge
1 Sydney Square
2 Sands Street
3 St. Johns Street
4 James Street
5 Albion Place
Darling Park
City Ctr
Gal. Victoria
Queen Victoria Bldg
Convention
Convention Centre
Hyde Park
Australian Mus
Sydney Town Hall
Druitt
Park
William
WOOLLOOMOOLOO
KINGS CROSS
RUSHCUTTERS BAY
Bayswater
Exhibition Centre
Chinese Garden
Liverpool
World Sq
Goulburn
Bathurst
Harris St
Pier St
Haymarket
The Powerhouse Mus
Institute of Technology Sydney
University of Technology
Railway Square
Central Station
Broadway
Oxford St
DARLINGHURST
St Vincents Hosp
Taylor Sq
Five Ways
SURRY HILLS
Foveaux
Albion
Crown
Bourke
Flinders
Anzac
Moore Park
Victoria Barracks
1 Clarksons Mill Way
2 Providence Lane
3 Providence Lane
4 Arnold Lane
5 Ryder Street
6 Bloomfield Lane
7 Denham Lane
8 Church Lane
9 Crawford Place
10 O'Hears Stairs
11 Little Selwyn Street
Sydney Football Stadium
Prince Alfred Park
Cleveland St
Chalmers
Elizabeth
Wentworth Ave
College Street
Macquarie Street
George Street
Pitt
Sussex St
Kent
Clarence
York
Cumberland
Bradfield
Hickson
Kirribilli Wharf
Lady Gowrie Lookout
Admiralty House
Kirribilli House
Jeffrey St Wharf
Beulah St Wharf
Dr. Mary Booth Lookout
Stanton Lookout
Glenmore
McLachlan Ave
Boundary St
Cross City Tunnel
1 Nithsdale St
2 Blackburn St
3 Foster Lane
Sydney Police Centre
Central Square
1 Steel La
John
1 Northcott Place
Carlton Kent Brewery
Abercrombie
Wattle
William Henry

Infos

Mit dem Sydney Explorer Bus kann man die Stadt bequem und günstig entdecken

Allgemeines und Geschichte

Die faszinierende, lebendige, traumhaft am Wasser gelegene Metropole mit einem der schönsten Häfen der Welt zieht Besucher aus aller Welt in ihren Bann – und last not least die 3,79 Mio. Sydneysider.

Als Captain Arthur Phillip am 26. Januar 1788 die ersten englischen Sträflingsschiffe mit 759 Verbannten in die lang gezogene Hafenbucht, Port Jackson, dirigierte, beschrieb er den ›schönsten Hafen der Welt‹ in seinem Tagebuch, sicherlich nicht voraussehend, zu welch imposanter Metropole sich der Platz innerhalb von nur zwei Jahrhunderten mausern würde. In der ersten Ansiedlung ›The Rocks‹ haben Deportierte wie freie Siedler sichtbare Spuren hinterlassen. Jüngere Stadtviertel wie Paddington oder Darlinghurst zeugen dagegen schon von bescheidenen bürgerlichen Wohnverhältnissen des 19. Jahrhunderts, während altehrwürdige Prachtbauten vielerorts als Beispiele verschwenderischer kolonialer Architektur erhalten sind. Der Aufschwung Sydneys zur Weltmetropole ist mit zwei Daten verknüpft: dem Goldrausch 1851 – nach Goldfunden im nahe gelegenen Bathurst verdoppelte sich die Einwohnerzahl Sydneys binnen zehn Jahren – sowie der starken Zuwanderung in den Jahrzehnten zwischen 1947 und 1977, als Australiens Regierung unter dem Schlagwort ›populate or perish‹ (bevölkern oder aussterben) zahlreiche Immigranten ins Land lockte, die sich vor allem in oder um Sydney niederließen.

Nach der Gründung des australischen Staatenbunds im Jahre 1901 kam es zwischen Sydney und Melbourne, den beiden größten australischen Städten, zu einem Zwist um die Ehre, als Landeshauptstadt fungieren zu dürfen. 1908 sprach sich das Bundesparlament für den Bau einer neuen Kapitale, der jetzigen Hauptstadt Canberra, weit südwestlich von Sydney aus. Doch der Zwist mit Melbourne war damit noch lange nicht beendet. Noch heute schielen die Sydneysider aufmerksam hinüber nach Victoria, vor allem, wenn es um die Vergabe von Fördermitteln des Bundes geht. Unumstritten ist jedoch, dass heute Sydney Australiens Dienstleistungs- und Handelszentrum sowie Gateway für die meisten Touristen ist.

ⓘ Sydney Visitor Centre, 106 George Street (The Rocks), Tel. (innerh. Australiens) 01 80 00 67 67 6 oder 02/92 40 87 88, Filiale in Darling Harbour: 33 Wheat Road, Darling Harbour, www.sydneyvisitorcentre.com.

TIPP

Fisch-Kochschule

Ein Riesenerfolg ist die Seafood-School am Sydney Fishmarket. Kein Wunder: In nur wenigen Stunden kann man dort z.B. lernen, wie Frischfisch richtig filetiert, stimmig gewürzt, richtig zubereitet oder gelagert wird. Dazu bekommt man eine Menge leckerer Rezepte. Einzige Voraussetzung: Man sollte ein wenig Englisch können. Ein Kurs kostet, je nach Programm, ab ca. 70 A$ aufwärts. Infos: Sydney Seafood School, Tel. 02/90 04 11 11, www.sydneyfishmarket.com.au.

SPECIAL

Ein Teufelsreiter

Ob ihn wohl der Teufel geritten hat? Darüber durfte der Ire Francis de Groot am Nachmittag des 13. März 1932 im Polizeigewahrsam einige Stunden nachdenken – ehe man ihn gegen Zahlung einer Strafe von fünf englischen Pfund gehen ließ.

Hoch zu Ross und säbelschwingend hatte er nämlich zuvor die versammelte Schar der Ehrengäste auseinander getrieben, die gerade einer feierlichen Rede auf die Baumeister der Harbour Bridge lauschte – und zwar bei der Eröffnungszeremonie. Mit einem gezielten Hieb hatte er daraufhin das Eröffnungsband durchtrennt. Sogar die Weltöffentlichkeit konnte an den Radioempfängern mit verfolgen, wie er daraufhin stimmgewaltig verkündete: ›Im Namen der ehrenwerten Bürger von New South Wales erkläre ich die Brücke für eröffnet!‹ Wachleute nahmen den Störenfried schnell fest.

Sehenswertes im Zentrum

Rundgang: Eindrucksvoller Ausgangspunkt eines ersten Spaziergangs ist Bennelong Point. Auf einer schmalen Landzunge thront dort das **Sydney Opera House** ❶. Als der dänische Architekt Jörn Utzon mit seinem eigenwilligen Entwurf im Jahre 1957 den international ausgeschriebenen Wettbewerb gewann, ahnten die Stadtväter nicht, welche enormen Konstruktionsschwierigkeiten und hohen Kosten das Projekt mit sich bringen würde. Erst 16 Jahre später konnte das kulturelle Zentrum eröffnet werden, in dem Opernbühne, Konzertsaal und Theater insgesamt rund 4700 Sitzplätze bieten. Führungen gibt es tgl. von 8.30 bis 17.00 Uhr, Info unter Tel. 02/92 50 71 11.

Eine Oase der Ruhe sind die **Royal Botanic Gardens** ❷ mit ihren subtropischen, einheimischen und exotischen Bäumen, vielen Farnen oder Orchideen (tgl. geöffnet ab 7.00 Uhr bis Sonnenuntergang). Ein Abstecher führt zum **Government House** ❸, seit 1845 Amtssitz des Gouverneurs von New South Wales (Führungen Fr. – So. 10.00 – 15.00 Uhr). Einen tollen Blick auf Opernhaus und Hafenbrücke genießt man vom **Ms Macquaries Chair** ❹, vor allem morgens, wenn die Sonne über dem Opernhaus aufgeht. Nicht auszudenken, wie viele unglückliche Menschen die düsteren **Hyde Park Barracks** ❺ in der Vergangenheit beherbergt haben (geöffnet: tgl. 9.00 – 17.00 Uhr). Einziger heimeliger Ort in den von Sträflingen für Sträflinge errichteten Kasernenmauern: Das Hyde Park Barracks Cafe (geöffnet: Mo. – Fr. 10.00 – 16.00, Sa., So. 11.00 – 15.00 Uhr). Erholung vom Großstadtlärm bietet der angrenzende **Hyde Park**. Im Südflügel des ehemaligen Rum Hospital wurden zwischen 1851 und 1927 wunderschöne Goldmünzen geprägt; heute gibt es in **The Mint** ⑥ vor allem eine kleine Ausstellung über dekorative Kunst, Münzen und Briefmarken zu sehen (geöffnet: tgl. 10.00 bis 17.00, Mi. erst ab 12.00 Uhr).

Nun nähert man sich wieder der Hafenseite, und zwar auf historischem Grund und Boden. Das Viertel **The Rocks** ⑦ an der Ostseite des stets belebten **Circular Quay** erinnert an Sydneys Wurzeln, als Sträflinge nach der Landung 1788 eine erste Ansiedlung auf dem felsigen Untergrund schufen. ›Kleiderbügel‹ wird sie oft respektlos genannt, die riesige **Sydney Harbour Bridge** ⑧, die aus 60 000 Tonnen Stahl besteht, die von mehr als 6 Mio. Schrauben zusammengehalten werden. Dabei fand die 500 m lange Stahlkonstruktion bei ihrer Fertigstellung im Jahre 1932 weltweit Anerkennung.

> TIPP
>
> ### *Gourmet-Detektive*
>
> Eine Tour für echte Leckerschmecker: mit Australian Gourmet Safaris begibt man sich auf die Spuren der Einwanderer, die Sydneys Küche bereichert haben. Dabei schaut man den Köchen nicht nur fleißig in die Töpfe – man darf und soll natürlich auch selbst Hand anlegen. Info: Gourmet-Safaris, Tel. 02/ 99 60 56 75, www. gourmetsafaris. com.au.

TOP ZIEL Ein Höhepunkt eines Aufenthalts an der Ostküste ist der **Sydney Bridgeclimb**. Binnen drei Stunden steigt man, natürlich angeseilt und trainierten Guide, natürlich angeseilt und durch Geländer geschützt, bis in eine Höhe von 130 Metern. Der Blick über den gesamten Hafen ist mindestens so sensationell wie der Blick direkt nach unten, der doch ein gewisses Kribbeln im Bauch verursacht. Buchbar ist das luftige Abenteuer unter Tel. 02/82 74 77 77. Seit mehr als 160 Jahren beherbergt das **Lord Nelson Brewery Pub** (The Rocks, 19 Kent Street) Gäste in seinen Sandsteinmauern, daneben werden in der ältesten Pinte Australiens auch eigene gebraute Biere unter klingenden Namen wie Nelsons Blood, Old Admiral oder Two Dogs ausgeschenkt. Prominente gingen hier aus und ein, unter anderem Mark Twain oder US-Vizepräsident Dan Quayle. Etwas für Sternengucker mag der Besuch des **Sydney Observatory** ⑨ sein; in klaren Nächten

Didgeridoo-Künstler am Circular Quay

wird hier mit Hightech-Gerätschaften der Himmel abgesucht. Programminfo unter Tel. 02/92 17 04 85. Wer den Bridgeclimb verpasst hat, kann sich trotzdem einen tollen Ausblick über die Stadt verschaffen, und zwar vom AMP Tower oder **Centrepoint Tower** ⑩. Das höchste Bauwerk auf der Südhalbkugel – bis die Neuseeländer 1996 mit dem Skytower in Auckland einen neuen Rekord aufstellten. Schuld an den bizarren 304 m Höhe sind englische Maße, deretwegen sich der Aussichtsturm in der City runde 1000 feet erhebt. Nicht weit ist es zu einer der stilvollsten Shopping Malls der Welt, dem 1898 gebauten **Queen Victoria Building** ⑪ und zur 1892 im viktorianischen Stil erbauten **Strand Arcade**, wo sich fast alle australischen Top Designer unter einem Dach befinden. Die hervorragende Akustik im Innern der zentral gelegenen Konzerthalle der **Sydney Town Hall** ⑫ bringt 8000 Pfeifen der wertvollen, in England gefertigten Orgel so richtig zum Klingen (Reservierung: Tel. 02/92 65 93 33 oder 02/92 65 90 07). Das Baudenkmal aus dem Jahre 1869 kann auch tagsüber besichtigt werden (geöffnet: Mo. bis Fr. 9.00 – 17.00 Uhr). Das modern gestaltete **Sydney Aquarium** ⑬ bietet faszinierende Einblicke in die Meereswelt. Selbst unter Wasser kann man, dank eines 145 m langen durchsichtigen Acryl-Tunnels, die Fische von allen Seiten hautnah betrachten (geöffnet: tgl. 9.30 – 21.00 Uhr; Marine Mammal Sanctuary tgl. 9.30–17.30 Uhr). Zum Hätschelkind der Stadtplaner wurde das lange Zeit verruchte Viertel **Darling Harbour** ⑭ erst anlässlich der Feiern zu ›200 Jahre europäische Besiedlung‹. Mit enormem Kostenaufwand wandelte sich das zwielichtige Vergnügungsviertel zum familienfreundlichen Vergnügungspark, mit sehenswertem IMAX-Theatre (tgl. 10.00 – 22.00 Uhr).

MUSEEN

Art Gallery of New South Wales ⑮ Highlight der sehenswerten Sammlung australischer Kunst des 19. und 20. Jh.s ist die Yiribana-Gallery auf Ebene 1 mit Werken von Aborigine-Künstlern sowie die weltgrößte Ausstellung polynesischer Kunst. Art Gallery Rd., tgl. 10.00 – 17.00 Uhr, Führungen 11.00 und 14.00 Uhr, Aboriginal-Folklore: Di. – Sa. um 12.00 Uhr.

Australian Museum ⑯ Bereits 1827 wurde das erste Museum Australiens eröffnet. Und fasziniert immer noch mit seinen in Glasvitrinen aufgespießten heimischen Kleintieren, der umfangreichen Stein- und Mineraliensammlung, prähistorischen Funden sowie steinzeitlichen Utensilien der Aborigines. Ecke College/Williams Sts., tgl. 9.30 – 17.00 Uhr, Führungen um 10.30, 12.00, 14.00 und 15.00 Uhr.

Elizabeth Bay House ⑰ Elegant wie annodazumal präsentiert sich das 1835 erbaute Herrenhaus seinen Besuchern. Hoch über der Elizabeth Bay bieten die mit Antiquitäten eingerichteten Zimmer traumhafte Ausblicke auf Port Jackson. 7 Onslow Ave., Di. – So. 10.00 – 16.30 Uhr.

Museum of Contemporary Art (MCA) ⑱ Andy Warhol ist in der Ausstellung vertreten, ebenso wie Cristo und andere bedeutende zeitgenössische Künstler aus aller Welt. Ausgefallenes verkauft der kleine Museumsladen, Schmackhaftes serviert das MCA-Cafe.

> TIPP
>
> ### *Kayaktouren*
>
> Lust auf ein kleines Abenteuer? Warum nicht mal den traumhaften Hafen von Sydney auf andere Art und Weise entdecken – lautlos gleitend in einem Seekayak? Ein garantiert einmaliges Erlebnis, das ganz neue Ausblicke auf das Stadtpanorama beschert. Als geführte Tour zu buchen bei: Sydney Harbour Kayaks, Tel. 02/ 99 69 45 90.

140 George St (Circular Quay/The Rocks), tgl. 10.00 – 18.00 Uhr.

Museum of Sydney 19 Das moderne Bauwerk erhebt sich dort, wo bis 1846 das erste Government House stand. Vorrangig geht es um das Aufeinandertreffen von Aborigines und Europäern. ›Edge of the Trees‹ heißt die Skulptur auf dem eigenwillig gestalteten Vorplatz, die ebenso zum Nachdenken animiert wie die fantasievolle Ausstellung im Innern des Museums. Ecke Phillip/Bridge Sts., tgl. 10.00 – 17.00 Uhr.

National Maritime Museum 20 Schautafeln, Fotos, Karten und Multimedia-Displays ergänzen und bereiten auf, was historische Schiffsplanken, Aborigine-Kanus und moderne Rennyachten nicht erzählen können. Besonderer Stolz der Aussteller: ›Australia II‹, die beim America's Cup 1983 siegreiche Segelyacht. Im Freigelände sind Kriegsschiffe und Unterseeboote zu besichtigen. Darling Harbour (Western Side, unweit des Casinos), tgl. 9.30 – 17.00 Uhr.

Power House Museum 21 In dem ehemaligen Elektrizitätswerk für den Straßenbahnverkehr verteilen sich die unterschiedlichsten Abteilungen auf fünf Ebenen: Naturwissenschaft, Technik, aber auch Sozialgeschichte, Kunst und Kunsthandwerk. 500 Harris St. (Fußgängerbrücke ab Monorail-Station Haymarket), tgl. 10.00 – 17.00 Uhr.

Stadtstrände

Für die Sydneysider gilt: Life is a beach – und hier beginnt es. Am bekanntesten ist **Bondi Beach**. Entsprechend groß ist dort die Zahl der Restaurants. Schon früh hat der lange und weiche, von hohen Pinien gesäumte Sandstrand des mondänen Seebads **Manly** die Sydneysider an sonnigen Wochenenden in den Norden gelockt. Etwas weniger trendy, aber ebenso attraktiv sind der sichelförmige **Coogee Beach** und **Bronte Beach** mit einem natürlichen Felsenbecken am Rand und Schatten spendenden Palmen.

Sydney-Sightseeing vom Wasser aus

Unterkünfte und Restaurants

Hotels: Cambridge Park Inn: Das Haus liegt nicht nur zentrumsnah – es bietet auch großzügige Zimmer, die erst kürzlich renoviert worden sind. 212 Riley Street, Stadtteil Surry Hills, Tel. 02/ 92121111, Fax 92811981 €€.

The Russell: Das Boutiquehotel besticht mit persönlicher Atmosphäre und toller zentraler Lage. Tel. 02/ 92413543, Fax 92522152 €€€.

Russell Hotel: Jedes Zimmer ist anders

Victoria Court Hotel: Das romantische, kleine und feine Hotel ist fast für die Hochzeitsreise geeignet. 122 Victoria Street, Stadtteil Potts Point, Tel. 02/93 57 32 00, Fax 93577606, www.victoriacourt.com. au €€€.

Andere Unterkünfte: Manly Backpackers Beachside: Das Hostel befindet sich nur 50 m vom feinsandigen Strand in Manly entfernt. 28 Raglan Street, Stadtteil Manly, Tel. 02/99 77 34 11, Fax 99 774379, www.manly-backpackers.com €.

Tricketts Bed&Breakfast: Eigentümerin Liz Trickett ließ ein ansehnliches viktorianisches Stadthäuschen in ein kleines, behagliches Schmuckstück umbauen. 270 Glebe Point Rd., Stadtteil Glebe, Tel. 02/95521141, Fax 96929642.

Restaurants: Aria-Restaurant: Hier sind sich die meisten Sydneysider einig: Einen solch schönen Ausblick auf Hafenbrücke und Oper hat man sonst nirgendwo. 1 Macquarie Street (East Circular Quay), Stadtteil The Rocks, Tel. 02/92522555, tgl. Dinner.

Bécasse: Es ist noch immer Sydneys Star-Restaurant. Der begabte Küchenchef Justin North serviert hier französische Gerichte vom Feinsten. 48 Albion St, Stadtteil Surry Hills, Tel. 02/92803202, tgl. Dinner.

Il Baretto: Ist preisgünstig und doch sehr gut – so ein Italiener kommt bei den Sydneysidern gut an. 496 Bourke Street, Stadtteil Surry Hills, Tel. 02/93616163, tgl. Lunch und Dinner.

Cadmus & Bridge Bar: Bietet nicht nur exzellente moderne australische Küche, sondern vor allem feine Gerichte aus dem Nahen Osten an. Opera Quays, Level 10, 2 Macquarie Street, East Circular Quay, Tel. 02/ 92526800, Mo. – Fr. Lunch und Dinner, Sa. nur Dinner.

harbourkitchen&bar: Chef Danny Drinkwater kredenzt in dem trendigen Lokal leichte Pazifik-Küche. Im Park Hyatt Sydney, 7 Hickson Road, Tel. 02/ 92561661, tgl. Lunch und Dinner.

Tetsuya's: Erst kürzlich wurde es erneut zu einem der weltbesten Restaurants erklärt – wer die französisch-japanische Fusion-Küche genießen will, muss lange im Voraus buchen. 529 Kent Street, Stadtteil Surry Hills, Tel. 02/ 92672900, unregelm. Zeiten.

Wildfire: Für die internationale Küche mit Preisen überhäuft wurde Sydneys Shooting Star. Ground Level Overseas Passenger Terminal, Circular Quay West, Tel. 02/ 82731222, Mo. – Fr. und So. Lunch und Dinner, Sa. nur Dinner.

TIPP

Guillaume

Seine exzellente französische Küche macht Guillaume Brahimis Restaurant im Opernhaus zum Mekka für Kulturfreunde und Gourmets. Reservierung ist ratsam. Bennelong Point, Tel. 02/ 92411999.

Shoppingreviere

Die interessantesten überdachten Einkaufszentren sind Centrepoint (Ecke Pitt, Market und Castlereagh Sts.), Skygarden (77 Castlereagh St. mit Durchgang bis Pitt St Mall) und das Mid City Centre (Ecke King/Castlereagh Sts.). MLC Centre (Ecke King/Castlereagh Sts.) und Chifley Plaza beherbergen u. a. die teueren Mode-Designer, ebenso das Queen Victoria Building. Besonders für junge Leute mit ausgefallenem Geschmack sind die kleinen Läden entlang der Oxford St. (zwischen Glenmore St. und Elizabeth St.) interessant, ebenso wie auf der Glebe Point Road (Glebe) zwischen Parramatta Rd. und Bridle Rd. und in Newtown auf der King St. zwischen Queen St. und Camden St.

Genießen im Garten Gottes

In Australien nennt man den Küstenabschnitt zwischen Sydney im Süden und Brisbane im Norden einfach nur ›God's Garden‹. Was nicht alles wächst und gedeiht in diesem ›Garten Gottes‹: Fruchtige Weine im Hunter Valley, goldgelbe Bananen im Norden, Obst und Gemüse in New England, das mit seinen sattgrünen Weiden tatsächlich an England erinnert. Dazu kommen einzigartige Landschaften und postkartengleiche Lagunen wie auf Lord Howe Island, feinsandige Strände und subtropischer Regenwald, in dem sich kunterbunte Sittiche und krächzende Papageien tummeln.

Felsenglühen im Morgenlicht: die berühmten Three Sisters in den Blue Mountains

◀ *Bereit für den Aufstieg*

▲ *Kostprobe bei Tyrell's Winery*

▲ *Auf Gondeltour in den Blue Mountains*

▲ *Ballonreise überm Hunter Valley*

▼ *Ferien – eine coole Sache!*

Vorsichtig greift eine Hand nach dem Fels. Es ist eine sehnige Hand, schweißglänzend, mit feinem, weißen Staub in den Innenflächen. Bedächtig umklammern die Finger den Stein, ziehen sich dann zusammen wie eine Spinne, die genüsslich ihre Beute ergreift. Ein Ruck – und der an der Hand hängende hagere Körper schiebt sich langsam nach oben. Geschafft. Der Gipfel ist erreicht, ein Raunen geht durch die Menge am Echo Point – erleichtert atmen die Zuschauer auf.

Alltag am Aussichtspunkt in Katoomba. Wenn wagemutige Freeclimber die Felsen der Three Sisters erklimmen, halten die mit Ferngläsern ausgestatteten Touristen die Luft an. Dann gesellt sich ein Hauch von Abenteuer zu dem nicht minder atemberaubenden Blick, den man von hier aus über die schroffen Abbruchkanten der Blue Mountains runde 100 km westlich von Sydney genießen kann. Ausgedehnte Eukalyptuswälder packen die spitzkantigen, bis zu 1100 m hohen Felsen in eine Art dunkelgrüne Watte und wenn im Sommer die Sonne die Landschaft regelrecht aufbackt, dann entweicht Öl aus den hitze-gemarterten Blättern der Eukalypten, verdunstet und taucht die Landschaft in ein versöhnlich-nebliges Hellblau.

Der Garten Eden

Das ist wohl der einzige farbliche Fauxpas von Mutter Natur, denn sonst bewegt sich am rund 850 km langen Pacific Highway zwischen Sydney im Süden und Murwillumbah im Norden wirklich nahezu alles im grünen Bereich. Schließlich nennen die Aussies den Landstrich nicht zu Unrecht ›God's Garden‹. Reichlich Regen bekommt dieser Garten Eden dank dem nahen Pazifik fast das ganze Jahr über ab. Die Wolken stauen sich an der Great Dividing Range, jenem Gebirgszug, der die Reisenden bis hinauf nach Cairns im Bundesstaat Queensland meistens linkerhand begleitet. Dort oben, auf 1000 – 1400 m über dem Meer, gedeihen seltene subtropische Regenwälder, die von der UNESCO wegen der Vielfalt an Pflanzen- und Tierarten unter den Schutz des ›Welt-Naturerbe der Menschheit‹ gestellt wurden, etwa im Barrington-Tops-Nationalpark nördlich von Newcastle.

▲ *Urlaubsflair in Port Macquarie*

▲ *Jacaranda-Bäume in voller Blüte*

▼ *Aufmarsch der Pelikane*

▲ *Dangar Falls im Dorrigo National Park* ▼ *Ein putziger Koala*

Dank dem gesegneten Klima hat sich die Gegend rund um Cessnock zu einem Mekka der Gourmets, Gourmands und ›guten Nasen‹ entwickelt. Tyrell's, Rosemount oder Brokenwood, das sind klangvolle Namen, die Kenner mit dem Hunter Valley verbinden, Semillon oder Syrah die Trauben dazu, und weil ein guter Wein nur selten allein kommt, hat sich die Gemeinde Pokolbin ganz den kulinarischen Genüssen verschrieben; mit ›Chez Pok‹, ›Roberts at Peppertree‹, ›Il Cacciatore‹ oder ›Pipette‹ besitzt der Ort gleich vier preisgekrönte Restaurants.

SPECIAL

Eine Klinik für Koalas

Sie heißen Bill, Cloud oder Joanna, sie sind – keine Bären, sondern Beuteltiere. Und sie sind krank. In Australiens erster Koala-Klinik, die schon 1976 in Port Macquarie eröffnete, werden plüschige Patienten gesund gepflegt, die durch Buschfeuer, Autounfälle, Baumfällarbeiten oder anderswie zu Schaden kamen und oft monatelang künstlich ernährt und aufgepäppelt werden müssen, ehe sie wieder in freier Wildbahn auf die Suche nach Eukalyptuslaub gehen können. Bis zu 90 Koalas haben in der bereits mehrfach renovierten und modernisierten Klinik Platz. Lohnend ist der Besuch insbesondere gegen 7.30 und 15.00 Uhr. Täglich werden die kranken Tiere nämlich zu diesen Zeiten gefüttert. Wenn die Koalas sich erholt haben, können sie in Freigehegen die Sonne genießen und auf Eukalyptusbäume klettern – und sich so langsam wieder auf das Leben in freier Wildbahn vorbereiten.

Wer einen Abstecher an die Küste wagt, wird an der ›Holiday Coast‹ rund um die Port Stephens Bay reichlich entlohnt; kein Wunder, dass hier auch Australiens Premier John Howard mit seiner Familie Urlaub macht. Taucht dann am Straßenrand die große Bananenskulptur nahe Coffs Harbour auf, dann ist er erreicht, der erste Ausläufer der Tropen – der ›Banana Belt‹ mit vielen Bananenplantagen.

Als ersten landgewordenen Gruß aus den Tropen hat Mutter Natur die Insel Lord Howe aus einem Traumreisen-Katalog ausgeschnitten und geradewegs in den

▲ Rund um Byron Bay locken herrliche Strände

▼ Steilküste am Cape Byron

▲ Auch bei Hitze: cool bleiben

▲ Leuchtturm am Cape Byron

▼ Hoch die Flossen: Surfboards

blauen Pazifik 550 km östlich von Port Macquarie geklebt. Welche eine wunderschöne Lagunenlandschaft, dahinter aufragend der 875 m hohe Mount Gower und der 777 m hohe Mount Lidgbird. Und welch eine Stille – die Insel ist, als eines der wenigen Eilande Australiens, autofrei; die Zahl der Touristenbetten auf genau 400 begrenzt. Ein Refugium für Mensch und Tier; in den von der UNESCO geschützten Gebirgsregenwäldern hat etwa die scheue Lord-Howe-Island-Ralle überlebt. Ein weniger seltener, grüner Einwohner der Insel ist die Kentia-Palme. Ob wohl Millionen deutsche Pflanzenliebhaber wissen, dass jenes Grün, das sie in Wohnzimmern oder Wintergärten hegen, von dieser idyllischen australischen Insel stammt?

Wo der Sommer zu Hause ist

Den Tropenzauber gibt es freilich auch anderswo, dort, wo der Sommer zu Hause ist, im Norden an der ›Summerland Coast‹, einem nicht minder malerischen Ensemble aus schroffen Bergen, den Überresten des Tweed-Schildvukans, dottergelben Stränden und weiten Zuckerrohrfeldern. Orte wie Nimbin, Byron Bay oder Ballina waren in den 1960er-Jahren Zentren der australischen Hippie-Kultur. Doch die Zeiten haben sich geändert, Stars wie Paul Hogan – alias Crocodile Dundee – nennen mittlerweile ein Haus an der ›Coast‹ ihr Eigen und an den schicken Pizzerien, gestylten Modeshops und Einkaufszeilen, die überall hervorsprießen wie Pilze auf feuchtem Waldboden lässt sich unschwer ablesen, dass die Gegend zum genussvollen Tummelplatz der Schickeria aus Brisbane und Sydney gleichermaßen geworden ist.

Ein Gipfel-Erlebnis

Wer denn vor dem Trubel flüchten mag, beschere sich ein Klettererlebnis, weitaus leichter zu meistern als jenes an den ›Drei-Schwester-Felsen‹ der Blue Mountains. Was kann es schöneres geben, als frühmorgens auf den 1156 m hohen Mount Warning bei Murwillumbah hinaufzukraxeln und hier, nahe am östlichsten Punkt von Australien, dabei zuzusehen, wie die Sonne den Roten Kontinent langsam in ihr Licht taucht?

North Star
Yetman
Glenlyon Dam
Mingoola
Tenterfield
Alice
Mt. Belmore
Coraki
Wardell
Broadwater
Woodburn
Evans Head
Garah
Yallaroi
Macintyre Falls
Limestone Caves
Bonshaw
Wyan
Rappville
Swan Bay
Coolatai
Wallangra
Ashford
Mt. Bajimba
Baryulgil
Tabbimoble
Bundjalung Nat. P.
Central
Moree
Ashley
Crooble
Torrington
Stannum
Washpool Nat. P.
Camira Cr.
Whiporie
Artesian Bore Baths
Pallamallawa
Balfours Peak
Masterman Ra.
Graman
Emmaville
Lawrence Road
Coaldale
Harwood
Iluka
Yamba
Biniguy
Warialda
Pinchen Dam
Strathbogie
Deepwater
Gibraltar Range N. P.
Fine Flower
Dilkoon
Maclean
Lawrence
Anguire
Gravesend
Bukkulla
Kings Plains Nat. P.
Dundee
Jackadgery
Copmanhurst
Tyndale
Brooms Head
Delungra
Oakwood
Wellingrove
Bald Nob
Munningyundo Mtn.
Junction Hill
Ulmarra
Grafton
Yuraygir Nat. P.
Minnie Water
Eastern
Millie
Terry Hie Hie
Bingara
Inverell
Elsmore
Gwydir
Matheson
Glen Innes
New England Hwy.
Dalmorton
Coutts Crossing
Pillar Valley
Jelly Bean Crystals
Balancing Rock Formations
Copeton Res.
Stannifer
Mt. Rumbee
Nymboida
Wooli
Halfway Creek
North Solitary I.
Red Rock
Bellata
Caroda
Stanborough
Tingha
Gemstone Deposit (Sapphire)
Lomond
Wandsworth
Mt. Mitchel
Backwater
Guy Fawkes River
Chaelundi N. P.
Glenreagh
Clouds Creek
Nymboi-Binderay N. P.
Nana Glen
Woolgoolga
South Solitary I.
Edgeroi
Mt. Kaputar
Nat. P.
Cobbadah
Bundarra
Guyra
Wards Mistake
Mt. Hyland
Tyringham
Ulong
Coramba
Wee Waa
Narrabri
Solar Observatory
Woods Reef
Laura
Aberfoyle
Hernani
Dorrigo
Megan
Coffs Harbour
Australian
New England
Barraba
Nandewar Range
Mt. Yarrowyck
Thunderbolts Cave
Rockvale
Round Mtn.
Ebor
Dorrigo Nat. P.
Bellinger River Nat. P.
Bellingen
Urunga
Split Rock Dam
Kingstown
Armidale
Wollomombi
Wollomombi and Chandler Falls
New England Nat. P.
Baan Baa
Uralla
Dangar Falls
Nambucca Heads
Boggabri
Lower Creek
Bowraville
Macksville
Taylors Arm
Warrell Cr.
Newell
Bohena Creek
Namoi
Manilla
Moonbi Ra.
Kentucky
Oxley Wild Rivers Nat. P.
Bellbrook
Stuarts Point
Lake Keepit
Bendemeer
Wollun
South West Rocks
Smoky Cape
Rainforest Parks
Gunnedah
Carroll
Somerton
Woolbrook
Walcha
Apsley
Willawarin
Frederickton
Korogoro Pt.
Hat Head
Tamworth
Kootingal
Apsley Falls
Tia Falls
Willi Willi Nat. P.
Mt. Banda Banda
Kempsey
Hat Head Nat. P.
Rocky Glen
Mullaley
Curlewis
Dungowan
Weabonga
Tia
Kumbatine Nat. P.
Werrikimbe Nat. P.
Crescent Head
Limeburners Creek Nature Reserve
Pt. Plomer
Breeza
Lake Goran
Duri
Mt. Sugarloaf
Yarrowitch
Telegraph Point
Purlewaugh
Tambar Springs
Spring Ridge
Woolomin
Nangala
Mummel Gulf Nat. P.
Birdwood
Pembroke
Werris Creek
Cottan-Bimbang Nat. P.
Hastings
Yarras
Timbertown (Hist. Town)
Wauchope
Port Macquarie
Bomera
Premer
Colly Blue
Nundle
Mining Area (Gold)
Nowendoc
Ellenborough
Lake Cathie
Binnaway
Quirindi
Walla-badah
Blue Knob
Comboyne
Herons Cr.
Bonny Hills
Blackville
Willow Tree
Crawney Mtn.
Barry
Elands
Kendall
Laurieton
Weetaliba
Murrurundi
Mt. Myra
Killabakh Mtn.
Lorne
Middle Brother
Watson Taylors L.
Coolah
Liverpool Range
Ellerston
Woko Nat. P.
Bretti
Lansdowne
Crowdy Bay Nat. P.
Crowdy Head
Wingham
Harrington
Wingen
Moonan Flat
Barrington Tops Nat. P.
Bundook
Taree
Manning Point
Dunedoo
Cassilis
Upper Bowman
Gloucester
Barrington
Old Bar
Uarbry
Bunnan
Scone
Mt. Barrington
Krambach
Hallidays Point
Birriwa
Bow
Merriwa
Aberdeen
Glenbawn
Stratford
Nabiac
Tuncurry
Forster
C. Hawke
Wybong
Muswellbrook
Salisbury
Craven
Coolongolook
Wards River
Coomba
Booti Booti Nat. P.
Ulan
Goulburn River Nat. P.
Sandy Hollow
Hunter Valley
Stroud Road
Wootton
Wallis Lake
Charlotte Head
Gulgong
Bylong
Baerami
Denman
Bendolba
Dungog
Bulahdelah
Stroud
Seal Rocks
Wineries
Ravensworth
Jerrys Plains
Singleton
East Gresford
Vacy
Booral
Myall Lakes Nat. P.
Mudgee
Mt. Wambo
Warkworth
Clarencetown
Paterson
Karuah
Tea Gardens
Hawks Nest
Wollemi
Great Dividing Range
Branxton
Seaham
Maitland
Port Stephens
Nelson Bay
Derale
Raymond Terrace
Windamere
Rylstone
Mount Coricudgy
Howes Valley
Broke
Cessnock
Kurri Kurri
Hexham
Williamtown
Hargraves
Central West Goldfields
Kandos
Bellbird
Wollombi
Wallsend
Port Hunter
Newcastle
Ilford
Putty
Yengo Nat. P.
Mulbring
Toronto
Belmont
Hill End
Newnes
Mt. Warrawolong
Lake Macquarie
Sofala
Capertree
Glen Davis
Wyee
Kulnura
Toukley
Norah Head
Dark Corner
Peel
Cullen Bullen
Mangrove Mtn.
Tuggerah L.
The Entrance
Bathurst
Zig-Zag Railway
Wallerawang
Lithgow
Colo Heights
Dharug Nat. P.
Wisemans Ferry
Gosford-Woy Woy (Hist. Town)
Pacific Ocean
Hist. Site
Bilpin
Marramarra Nat. P.
Woy Woy
Broken Bay
Perthville
Locksley
Hampton
Richmond
Brooklyn (River cruises)
Palm Beach
Newbridge
Blackheath
Windsor
Ku-Ring-Gai Chase Nat. P.
Hobbys Yards
Jenolan Caves
Springwood
Hornsby
Mona Vale
Rockley
Oberon
Penrith
Chatswood
Manly
Mount Ryan
Katoomba
Wentworth Falls
Blue Mountains N. P.
Wallacia
Parramatta
Port Jackson
Trunkey
Abercrombie Caves
Kanangra Boyd N. P.
Greater Blue Mountains
Liverpool
Hurstville
Sydney
Black Springs
Burraga
Camden
Military Training Area
Sutherland
Maroubra
Botany Bay
Cronulla
Tuena
Abercrombie
Porters Retreat
The Oaks
Picton
Waterfall
Heatcote and Royal Nat. P.
Tasman Sea
Maßstab 1:2.000.000
0
30 km

Infos

Herrschaftlich logieren im Hunter Valley: The Convent

Blue Mountains ①

Eigentlich sind die ›Blauen Berge‹ ca. 100 km westlich von Sydney ein gewaltiges, bis zu 1100 m hohes Sandsteinplateau, dessen zerklüftete Täler und Canyons die Werke vieler kleiner Flüsse sind, die sich im Laufe der Jahrmillionen durch den Stein gefressen haben. Charmant ergraute, traditionelle Fremdenverkehrsorte wie Katoomba, Leura oder Blackheath passen in das eigenwillige Bergland. Mit ihren stattlichen

TIPP

Gute Aussichten

Am schönsten sind die Blauen Berge von oben betrachtet. Die besten Standorte oberhalb des Jamison Valley sind: Wentworth Falls Lookout im Süden von Wentworth Falls mit 20minütiger Wanderung zu den Wasserfällen und halbstündigem Fußweg zum exponierten Fletcher Lookout (Falls Rd.), in Leura der spektakuläre Gordon Falls Lookout (Olympian Parade, nahe Leurella House) mit siebenminütigem Abstecher zum überhängenden Elysian Rock sowie der weit vorgerückte Sublime Point (Sublime Point Rd.), 900 m über dem Abgrund.

Sommerhäusern, weitläufigen Parks und ehemals feudalen Hotels zeugen sie vom frühen Tourismus im vorigen Jahrhundert, als die kühle Bergluft die Sydneysider während der heißen Monate aus der Stadt lockte. Dabei hatten sich die Europäer erst 1813 in die Blue Mountains gewagt und einen Weg über das abweisende Massiv gefunden, die lang gesuchte Route nach Westen ins Innere des Kontinents.

Sehenswertes: Die **Katoomba Scenic Skyway and Railway** beschert Nervenkitzel im Doppelpack: Während die mit 52 Grad Gefälle steilste Eisenbahn der Welt ca. alle zehn Minuten durch einen 80 m langen natürlichen Felsen-Tunnel hinunter zum Jamison Valley rast, gleitet die Seilbahn nebenan atemberaubende 300 m hoch über der Schlucht. Die Eisenbahn transportiert auch Touristen, die von Echo Point aus ca. zwei Stunden über die ›Giant Stairway‹ und durch das Jamison Valley gewandert sind, zurück auf das Plateau. Dort führt mit dem Prince Henry Cliff Walk ein gemütlicher, ca. 40minütiger Weg entlang der Schlucht zurück zum Echo Point. Katoomba, Violet St. tgl. 9.00 – 16.50 Uhr (letzte Fahrt).

TOP ZIEL Die 300 m emporragenden **Three Sisters** sind laut Aboriginal-Legende die von ihrem Vater zu Stein verzauberten Geschwister Meenhi, Weemala und Gunnedoo, die von ihren Liebhabern ferngehalten werden sollten. Ab Echo Point mit dem Tourist Information Centre sind es nur 10 Min. Fußweg zur Aussichtsplattform. Die Felsen sind ein Tummelplatz für die Kletterer der Australian School of Mountaineering in Katoomba. Südwestlich von Katoomba sind die neun geheimnisvoll illuminierten **Jenolan Caves** sehr sehenswert; sie gehören zu den schönsten Tropfsteinhöhlen Australiens. Die **Zig Zag Railway** war in der zweiten Hälfte des 19. Jh.s eine bautechnische Meisterleistung. Die kurvige Gleisstrecke durch dunkle Tunnels und über imposante Viadukte diente nur bis 1910 dem Eisenbahnverkehr in die Blue Mountains. Heute fahren die alten Dampfloks für Touristen auf einem 8 km langen Abschnitt. Dampflokfahrten Sa. und So. sowie an Feiertagen und während der Schulferien tgl. 11.00, 13.00, 15.00 Uhr, Dieselokfahrten während der übrigen Tage zur selben Stunde.

ⓘ Tourist Information Centre Glenbrook, am Highway 32, Mo. – Sa. 9.00 – 17.00, So. 9.30 bis 16.30 Uhr, Tel. 02/47 39 62 66, Fax 02/47 39 67 87, Tourist Information Centre Katoomba, Echo Point, tgl. 9.00 – 17.00 Uhr, Tel. 02/47 82 07 56, Blue Mountains Heritage Centre, Blackheath, Govetts Leap Rd., tgl. 9.00 – 16.30 Uhr, Tel. 02/47 87 88 77

Cessnock (Hunter Valley) ②

TOP ZIEL Die Kleinstadt mit ihren rund 17 000 Einwohnern ist Verwaltungszentrum der Region Hunter Valley. Auf den fruchtbaren Böden im Valley pflanzten Europäer schon in der ersten Hälfte des 19. Jh.s Reben an. Längst haben die mehr als 55 rund um Cessnock ansässigen Winzer ihre Experimentierphasen hinter sich gelassen – und füllen teilweise Spitzenweine ab. So wird der Aufenthalt zum Highlight für Genießer.

Weingüter: **Lindeman's** (McDonalds Rd.) und das **Golden Grape Estate** (Oakey Creek Rd.) haben nicht nur gute Weine, sondern auch Tradition – was man den kleinen Wein-Museen ansieht. Anspruchsvoll sind **Briar Ridge** (Mount View Rd., Tel. 02/ 49 90 36 70, www.briarridge. com. au) und **Pepper Tree Wines** (Halls Rd., Tel. 02/ 49 98 75 39, www.peppertreewines.com. au). Führungen veranstalten **Hunter Estate Winery** (Hermitage Rd., Tel. 02/49 98 78 88) und **McGuigan Brothers Cellar** (McDonalds Rd., Tel. 02/49 98 74 02). Dort befindet sich auch die sehenswerte **Hunter Valley Cheese Company**. Die meisten Weingüter haben tgl. zwischen 10.00 und 17.00 Uhr geöffnet.

Unterkünfte: **Casuarina Country Inn** bietet fantasievoll eingerichtete Zimmer (Tipp: das ›Victorian‹ oder ›Edwardian‹) und ein anspruchsvolles Restaurant mit asiatischem Einschlag (Hermitage Road, Tel. 02/ 49 98 78 88, Fax 02/49 98 76 92, www.casuarinainn.com. au) €€.

The Convent, ein Haus der Peppers-Gruppe, bietet großzügige Räume in einem ehemaligen Kloster, nahe dem ausgezeichneten Restaurant ›Robert's at Pepper Tree‹ (s.u.; Halls Rd., Tel. 02/49 98 73 23, Fax 02/49 98 73 23, www.peppers.com. au) €€€.

Feiner Käse aus dem Hunter Valley

The Hunter Resort ist ein gepflegtes Motel inmitten eines Weinanbaubetriebs mit gemütlichem Restaurant. Zimmer mit Terrasse (Hermitage Rd., Tel. 02/49987777, Fax 02/49987787, www.hunterresort.com.au) €€.

Restaurants: Die besten Restaurants rund um Pokolbin sind **Robert's at Pepper Tree**‹ (Tel. 02/49987330 auf dem Gelände von Pepper Tree Wines, Halls Road), das **The Cellar**, Hunter Valley Gardens Village, Broke Road, Tel. 02/49987584, ferner **Il Cacciatore**, Cnr Mc Donalds/Gillards Road, Tel. 02/49987639 und das **Pipette** im Cyprus Lakes Resort, Cnr Mc Donalds/Thompson Rds, Tel. 02/49931555 (alle tgl. Dinner).

ⓘ Visitor Information Centre Turner Park (Aberdare Rd.), Cessnock, Tel. 02/49904477, Fax 02/49914518, Mo. – Fr. 9.00 – 17.00, Sa. 9.30 – 17.00, Sa. 9.30 bis 15.30 Uhr, www.winecountry.com.au

NELSON BAY (PORT STEPHENS) 3

Der tief ins Land greifende Naturhafen ist ein beliebtes Ferien- und Freizeitziel der Australier. Zumal Traumstrände die Küste säumen und fischreiche Binnengewässer ganz in der Nähe liegen.

Unterkünfte und Restaurant: Peppers Anchorage: Segler lieben den kleinen Hafen, Landmenschen den unaufdringlichen Luxus des Hotels und die Nähe zum Wasser. Sehr gutes Restaurant. Tipp: Das Resort vermietet auch Hausboote für reizvolle Touren u. a. zum Myall Lake. Corlette Point Rd., Corlette, ca. 3 km bis Nelson Bay, Tel. 02/49842555, Fax 02/49840300, www.peppers.com.au €€€.

Wisteria Cottage ist ein sehr angenehmes, etwas verwunschen wirkendes Bed&Breakfast einer Schottin (spricht deutsch) mit hübschem Garten. 35 Thurlow Ave., Nelson Bay, Tel. 02/49849750, Fax 02/49843338 http://wisteria-cottage.jensys.net/ €€.

Aktivitäten: Weit mehr als 100 ›Bottlenose-Dolphins‹ haben sich die Gewässer vor Port Stephens als ständige Heimat auserkoren. Im Juni/Juli und September/Oktober ziehen tausende Wale an der Küste vorbei. Unternehmen wie etwa Imagine Tours, Tel. 02/4989000 starten im Hafen von Nelson Bay zu **Wal- und Tümmler-Beobachtungstouren**. In Nelson Bay ist selbst **Tauchen** vom Ufer aus ein Vergnügen (Fly Point) und ideal zur Beobachtung von Fischen. Das Wrack der 1903 gesunkenen ›Oackland‹ in 28 m Tiefe vor Cabbage Tree Island ist ein beliebtes Ziel. Alle anspruchsvollen Tauchgebiete sind maximal 17 km von der Küste entfernt (Dive Academy, Tel. 02/49841262).

Umgebung: Der nahe gelegene, fast 30 000 ha große **New England National Park** Park umfasst eines der größten Regenwaldgebiete in New South Wales. Mit dem Auto kann man bis hinauf zum Point Lookout fahren, wo der Blick bei klarem Wetter noch den Pazifik erhascht. 20 km Wanderwege führen zu Wasserfällen an steilen Felswänden und hinunter zum Fuß des hier senkrecht aufsteigenden Tafellandes.

ⓘ Visitor Information Centre, Victoria Parade, Tel. 02/49811579, Fax 02/49841855, www.portstephens.org.au

TIPP

Feine Fischküche

Feinschmecker sollten an Newscastle nicht achtlos vorbeifahren. Zu einem Hotspot hat sich nämlich mittlerweile das Restaurant The Brewery direkt am Hafen entwickelt. Chefin Lizzie Box kredenzt – dem Ort angemessen – exzellente Fischküche und herrliche Desserts. 150 Wharf Road, Newcastle, Tel. 02/49295792, tgl. Lunch, Mo. – Sa. auch Dinner.

Nicht nur rund um den Pacific Highway beliebt: Bowling

BULAHDELAH 4

Die 1000 Einwohner-Gemeinde ist ein typisches Beispiel für eine australische Kleinstadt: Hauptereignisse sind die Landwirtschaftsshow und das örtliche Rodeo im November. Läge Bulahdelah nicht so idyllisch – man würde glatt daran vorbeifahren.

Sehenswertes: Bulahdelah ist das Tor zu den malerischen **Myall-Lakes** im gleichnamigen Nationalpark, der größten zusammenhängenden Seenplatte des Bundesstaats New South Wales. Die Seen sind eines der beliebtesten Erholungsgebiete in New South Wales und bieten mannigfaltige Möglichkeiten zum Wassersport, Baden am Seal Rocks Beach oder für Buschwanderungen, z.B. durch den Küstenregenwald Mungo Brush im Süden des Nationalparks. Im **Bulahdelah State Forest** ca. 14 km nördlich der Gemeinde kann man sich einige der höchsten Eukalypten Australiens der Gattung Eucalyptus Grandis ansehen, die über 60 m hoch werden können.

TIPP

Lord Howe im Paket

Lord Howe, die grüne Tropeninsel runde 700 km östlich von Port Macquarie, sollte man wegen der knappen Flugplätze und Bettenkapazitäten am besten im Paket buchen. Ein bewährter Anbieter ist Oxley Travel in Port Macquarie, 91 Horton Street, Tel. 02/65831955, Fax 02/65841455, www.oxleytravel.com.au.

ⓘ Bulahdelah Visitor Information, 8 Crawford St., Tel. 02/49974981 oder gebührenfrei innerhalb Australiens: Tel. 1800802692, Fax 49974210, www.greatlakes.org.au

PORT MACQUARIE 5

1821 begründet, ist die Stadt an der Mündung des Hastings River eines der ersten und damit ältesten Ferienzentren Australiens. Kein Wunder, bietet ›Port‹, wie die Einwohner ihre Stadt kurz nennen, doch herrliche Strände in der näheren Umgebung.

Sehenswertes: Das **Koala Hospital**, die größte Tierklinik dieser Art in Australien (s. ›Special‹ S. 39), wird ehrenamtlich geführt und beherbergt meist zwischen 50 und 80 Koalas, die, nach ihrer Gesundung, wieder in die freie Wildbahn zwischen Nord-Queensland und Victoria entlassen werden (Lord St., Tel. 02/65841522, tgl. 9.00 – 17.00 Uhr, Eintritt frei, Spenden erwünscht). Auf einem 1,3 km langen Board Walk des **Sea Acres Rainforest Centre** wird man teilweise in einer Höhe von bis zu 7 m, durch einen unberührten tropischen Regenwald geführt. Displays zeigen, wie die zweitgrößte Regenwald-Landschaft in New South Wales entstanden ist. Angeschlossen ist ein gemütliches Café (Pacific Drive, tgl. 9.00 – 16.30 Uhr).

Strände: Kilometerlange Bade- und Surfstrände, erstrecken sich vom **Town Beach** und **Oxley Beach** unweit des Stadtzentrums bis zum **Lighthouse Beach** im Süden. Am Town Beach und **Flynn Beach** treffen sich vor allem Surfer, an den anderen Sandmeilen gibt es u. a. Möglichkeiten, Kanus oder Segelboote

SPECIAL

Hauptsache: wohl behutet

In Australien gibt es eine Art Bonmot: Ein echter Viehtreiber, so heißt es, nehme seinen Hut noch nicht einmal vom Kopf, wenn er schlafen geht. Keine Frage: Der Akubra ist für jeden echten Aussie eine ›Haupt-Sache‹ – und mittlerweile auch bei Touristen ein beliebtes, da praktisches Souvenir. Unverwüstlich muss dieser Hut sein, Regen und Sonne genauso aushalten wie Frost – zur Not ein Menschenleben lang. Seit 1974 kommen alle Akubras Australiens aus dem kleinen Städtchen Kempsey im nördlichen New South Wales. Der Filz ist etwas ganz Besonderes – gefertigt aus abrasierten Kaninchenhaaren. Nur das weiche Unterfell darf hierfür herhalten. Der Name Akubra stammt übrigens aus der Aborigines-Sprache – er bedeutet ›Kopfbedeckung‹.

zu mieten oder den Strand per Kamel zu entdecken.

ⓘ Visitor Information Centre, Cnr. Clarence/Hay Sts., Tel. 02/65818000, Fax 02/65818010, www.portmacquarieinfo.com.au

Kempsey 6

Milch- und Holzwirtschaft – vor allem von diesen beiden Wirtschaftszweigen leben die knapp 10 000 Einwohner der Kleinstadt. Daneben schafft Australiens einzige Akubra-Hutfabrik sichere Arbeitsplätze.

Sehenswertes: Kempsey ist Tor zum australischen Ferienparadies South West Rocks mit den malerisch gelegenen Ruinen des **Trial Bay**; das Gefängnis wurde 1886 erbaut. Zunächst saßen hier Sträflinge aus dem Umland ein, während des Ersten Weltkriegs waren deutsche Auswanderer vorübergehend interniert, dies, wie es im offiziellen Sprachgebrauch hieß, als ›Schutzmaßnahme‹. Leider kann die einzige **Akubra-Fabrik** (siehe Special) Australiens nicht besichtigt werden. Bei der Kempsey Visitor Information kann man sich jedoch ein spannendes 15minütiges Video über die Herstellung dieser Hüte ansehen und sich im Ort in zahlreichen Geschäften mit original Akubras eindecken.

ⓘ Kempsey Visitor Information & Cultural Centre, Pacific Highway, Tel. 02/65631555, Fax 02/65631537, www.kempsey.midcoast.com.au

Coffs Harbour 7

Die 48 000 Einwohner zählende Stadt ist ein bedeutendes Verwaltungszentrum zwischen Sydney und der Grenze nach Queensland.

Sehenswertes: Big Banana, die riesige Banane am Rand des Pacific Highway, 3 km nördlich des Stadtzentrums, macht aufmerksam auf die Bananen-Plantage, die Anbau, Ernte und Verarbeitung der Früchte demonstriert. Besucher werden durch das Gelände gefahren und können im angeschlossenen Restaurant allerhand Bananen-Speisen kosten (Pacific Hwy., Tel. 02/66524355, tgl. 10.00 – 18.00 Uhr).

Strände: Coffs Harbour ist ein Badeparadies. Munteres Strandleben herrscht am **Park Beach**. Am geschützten **Jetty Beach** gleich nebenan, mit Blick auf die Marina, kann man selbst bei stärkerer Brandung ins Wasser. Mehr Einsamkeit und Ruhe bieten die Strandabschnitte im Norden wie etwa **Campbells Beach**. Dort lässt der Diggers Beach auch Nacktbaden zu.

Unterkünfte und Restaurants: **Aanuka Breakfree** – ein Traum direkt am Diggers-Beach ist dieses Wellness-Resort mit dem sehr guten **Annie's Restaurant**, 11 Firman Drive, Tel. 02/66527555, Fax 02/66527053 €€.

Pelican Beach Travelodge Resort besitzt eine sehr schöne Pool-Landschaft und ebenfalls ein gutes Restaurant. Einige Zimmer haben Meerblick, Pacific Highway, Tel. 02/66537000, Fax 02/66537066 €€.

Umgebung: Der malerische **Dorrigo National Park** ist ein Paradies für Wanderer und Vogelbeobachter. Der dichte subtropische Regenwald steht unter dem Schutz des UNESCO-Welt-Naturerbe.

ⓘ Visitor Information, Elizabeth St., Tel. 02/66521522, Fax 02/66525674, www.visitcoffsharbour.com, tgl. 9.00 – 17.00 Uhr

Byron Bay 8

Wilde Wassersportaktivitäten und eine quirlige Kneipenszene haben Byron Bay zum bevorzugten Tummelplatz der Backpacker-Szene, aber auch der Reichen und Schönen des Landes gemacht.

Sehenswertes: Cape Byron ist der östlichste Punkt Australiens auf 159 Grad und 39 Sek. östlicher Länge. Reizvoll ist eine Wanderung zum schneeweißen, 1899 erbauten, 22 m hohen **Cape Byron Lighthouse** mit prachtvollem mediterranen Panorama der Küste.

Aktivitäten: Julian Rocks Marine Reserve ist, dank einer bunten Unterwasserwelt mit vielen Fischarten, ein beliebtes **Tauchrevier** (z.B. mit Byron Bay Dive Centre, Tel. gebührenfrei 1800-243483). Ansonsten ist die Zahl der Angebote an **Wassersportaktivitäten** Legion: mit dem Seekajak kann man auf Delfinbeobachtungstour gehen (Dolphin Kayaking, Tel. 02/66858044), Surfen lernen (Byron Bay Style Surfing, Tel. 02/66855634) oder sich von einem Lenkdrachen übers Wasser ziehen lassen (Byron Bay Kite Boarding, Tel. 02/66872570). Ein Experte für geführte **Wandertouren**, z.B. auf den Mount Warning, ist Byron Bay Walking Tours, Tel. 02/66871112.

Strände: Treffpunkte der Surfer sind die Strände **The Wreck**, **Wategoes Beach**, **The Pass** und **Belongil Beach**. Badespaß pur gibt's an den vielen anderen Stränden wie z.B. **Tallow Beach** oder **Cosy Corner**.

Umgebung: In dem küstenfernen Dorf **Nimbin** kurz vor der Grenze nach Queensland träumen Landkommunen immer noch vom alternativen Leben. In dem südlich gelegenen Städtchen **Ballina** werden in der Thursday Plantation (Gallans Road, tgl. 9.00 – 17.00 Uhr, Tel. 02/66867273) wohltuende Naturprodukte aus Teebaumöl verkauft.

ⓘ Byron Visitor Centre, 80 Jonson St., Tel. 02/66858050, Fax 02/66858533, www.byronbay.com, tgl. 9.00 – 17.00 Uhr

Vor Anker in Port Stephens

AMP

Laissez-Faire an der Lagune

Strände satt. Das bekommt jeder zur Antwort, der nach dem Markenzeichen Südqueenslands fragt. In allen Variationen schmiegen sich hier dottergelbe Sandmeilen an das azurblaue bis türkisfarbene Meer. Mal sind sie belebt und turbulent mit einer Hochhauskulisse, die an Miami Beach erinnert – wie an der Gold Coast. Mal strahlen sie Côte-d'Azur-Flair aus – wie an der Sunshine Coast. Und mal locken sie mit Südseecharme, einsam und lang gestreckt, wie auf Moreton oder Stradbroke Island. Dazu gesellt sich der lässige Lebensstil der Queensländer – eine tolle Urlaubsmischung.

Hochhäuser am Brisbane River künden vom Reichtum und der Wirtschaftskraft.

▲ Kirche und Konzern – in der Innenstadt nahe beieinander

▲ Am Brisbane River

▲ Lagunenlandschaft an den Parklands

▼ Tibetanischer Tempel, South Bank Parklands

▼ *Brisbanians haben ein Herz für Kids*

Thomas Oxley staunte nicht schlecht an jenem drückend heißen 29. November 1823. Kam ihm doch ein Trupp Aborigines entgegen – und vorneweg ein Mann, den er durch den Feldstecher ganz klar als Weißen identifizieren konnte. Nicht, dass die Ureinwohner den Fremdling gejagt hätten – im Gegenteil. Sie schienen sich mit ihm sogar auf geheime Weise zu verständigen. Und das bedeutete Glück für Oxley und seine Männer, die im Auftrag von Gouverneur Sir Thomas Brisbane nach einem geeigneten Ort für eine neue Sträflingssiedlung suchten.

Friedlich entließen die Aborigines den Europäer mit Namen Thomas Pamphlett. Drei Tage später sollte er – der Schiffbruch erlitten und sieben Monate unter den Ureinwohnern gelebt hatte – jenen Ort ausfindig machen, an dem sich heute die queensländische Hauptstadt Brisbane befindet. Wie ein sich windender Python schlängelt sich der Brisbane River mitten durch die Millionenmetropole hindurch, die, von einem der Hochhäuser am Fluss aus betrachtet, wirkt, als sei sie eher zufällig und beiläufig in die platte Landschaft an der Moreton Bay hineingebröselt worden wie geriebener Käse auf ein Gratin. Genau das macht Brisbane liebenswert; man spürt beim Gang durch die Innenstadt den

SPECIAL

Herz aus Sandstein

Wer, etwa dem historischen Heritage Trail folgend, durch Brisbane schlendert, dem wird auffallen, dass sehr viele Gebäude aus Sandstein bestehen. Die körnigen Brocken waren insbesondere vor 1900 als Baumaterial begehrt. In Helidon nahe Toowoomba fand man reiche Vorkommen von Sandstein – ein Segen, denn brauchbares Baumaterial war ansonsten knapp. Eindrucksvolle Gebäude sind etwa die National Bank (Ecke Queen Street/Creek Street) oder die großzügig gebaute University of Queensland.

▲ Badeparadies Gold Coast

▼ Rainbow Lorikeets am Guesthouse O´Reillys

▲ Malerischer Lamington National Park

▲ *Fast städtisch: Surfers Paradise an der Gold Coast*

▼ *Vergnügungspark Sea World an der Gold Coast*

wohltuend kühlen Atem der scheinbar träge dösenden Sandsteinbauten und bekommt eine erste Lektion im Relaxen, der höchst entwickelten queensländischen Lebenskunst. Aus Straßencafés duftet es nach frisch geröstetem Espresso, aus Bäckereien nach leckeren ANZAC-Mandelcookies und Muffins, aus Modeshops wummert Housemusik, und mögen auch die Fußgängerampeln genauso hektisch bellen wie in Sydney oder Melbourne – in der drittgrößten Stadt Australiens lässt

SPECIAL

Geheimnisvolle Glasberge

Mit Glas haben die Glasshouse Mountains nördlich von Brisbane nichts zu tun, auch wenn Captain James Cook ihnen 1770 den Namen gab, weil sie ihn an die Schmelzöfen der Glaswerkstätten in Großbritannien erinnerten. Um die schroffen Berge, ein Werk der Erosion, rankt sich dagegen eine Legende der Aborigines. Sie besagt, dass es sich um den versteinerten Tibrogargan, dessen Frau Beerwah und die Kinder Ngunngun und Coonowrin handelt. Während einer Springflut ließ Sohn Coonowrin die Familie im Stich. weswegen sich Vater Tibrogargan von ihm für immer abwandte und die Familie im Zorn in Stein verwandelte. Darüber weinte Coonowrin jene Tränen, die heute noch dann und wann als Sturzbäche aus den Glasshouse Mountains fließen.

man sich Zeit beim Überqueren der Straßen. Unübertroffen ist die Idylle der Southbank Parklands – wo gibt es das schon: eine veritable Tropenlagune mitten in der Großstadt?

Es ist ja auch wirklich nicht weit hinaus von dieser City in die Naturparadiese – an die Traumstrände der Inseln North und South Stradbroke oder Moreton, an die Szene-Sandmeilen der Gold Coast. Und in den Subtropenwald des Lamington-Nationalparks, der vor allem nach sommerlichen Gewitterregen einen ganz eigenen Zauber entfaltet. Dann nämlich steigen, von der wieder scheinenden Sonne aufgebraten, feuchte, weiße Schwaden empor, die Tropfen an den vielen Blättern funkeln wie Bergkristalle, überall kichern Bächlein und Rinnsale, und nur das Geschrei der

▲ *Strandleben an der Sunshine Coast*

▲ *Glasshouse Mountains*

▼ *Bademeister an der Sunshine Coast*

▲ Im Lone Pine Koala Sanctuary bei Brisbane

▼ Reiche Ananasernte

Gelbohrkakadus und das schrille Schnalzen der Peitschenvögel zerreißt die Stille wie ein scharfes Schwert einen Vorhang. Die rostbraunen Pademelon-Zwergkängurus werden nun bald auf Nahrungssuche gehen und sich dabei bis in die Gipfellagen der Mc Pherson Range, also bis auf knapp 1100 m vorwagen. Selbst an den beiden Berglodges ›Binna Burra‹ und ›O'Reilly's Guesthouse‹ kann man die putzigen Beuteltiere oft beobachten.

Badeparadies Sunshine Coast

Doch Südqueensland, das heißt vor allem: Strände, Strände und nochmals Strände. Nicht jedermanns Sache mögen die Bademeilen von Surfers Paradise an der Gold Coast sein, säumen doch Hochhäuser wie paradierende Zinnsoldaten die allerdings prächtigen Sandplätze und sorgen nachmittags sorgar für Schatten. Was soll's, ›no worries‹, wie der Queensländer noch viel häufiger als alle anderen Australier zu sagen pflegt. Das Land ist schließlich groß, der Herrgott hat schließlich auch die Sunshine Coast geschaffen, eine wirklich vortreffliche Paradeschau der Strände, die in Maroochydore beginnt und erst wieder nördlich von Noosa Heads endet.

Französisches Flair

Was die Sunshine Coast so erlebenswert macht, ist das Côte-d'Azur-Feeling. Freilich, es fehlen die altehrwürdigen Grand Hotels am Rande prächtiger Küstenboulevards oder auch blühende Gärten und liebevoll gehegte Palmenalleen. Doch die Schickeria, die ist wohl da, zumindest die Stadtprominenz aus dem nahen Brisbane.

Auf jeden Fall ist die Küste ein votreffliches Ziel für alle Aktivtouristen – was es nicht alles gibt: Kamelritte und Kanutrips, ordentliche Wanderungen und Allradwagen-Erlebnisfahrten. Und natürlich die Sandsteinklippen des Cooloola National Park, kunterbunt wie eine Malerpalette.

So nimmt es denn nicht wunder, dass auch Entdecker John Oxley die Gegend um die spätere Kapitale in so begeisterten Worten seinem Auftraggeber Gouverneur Sir Brisbane schilderte, dass dieser es sich nicht nehmen ließ, einige Monate nach der Entdeckung selbst das ›sagenhafte Land im Norden‹ von Sydney zu besuchen.

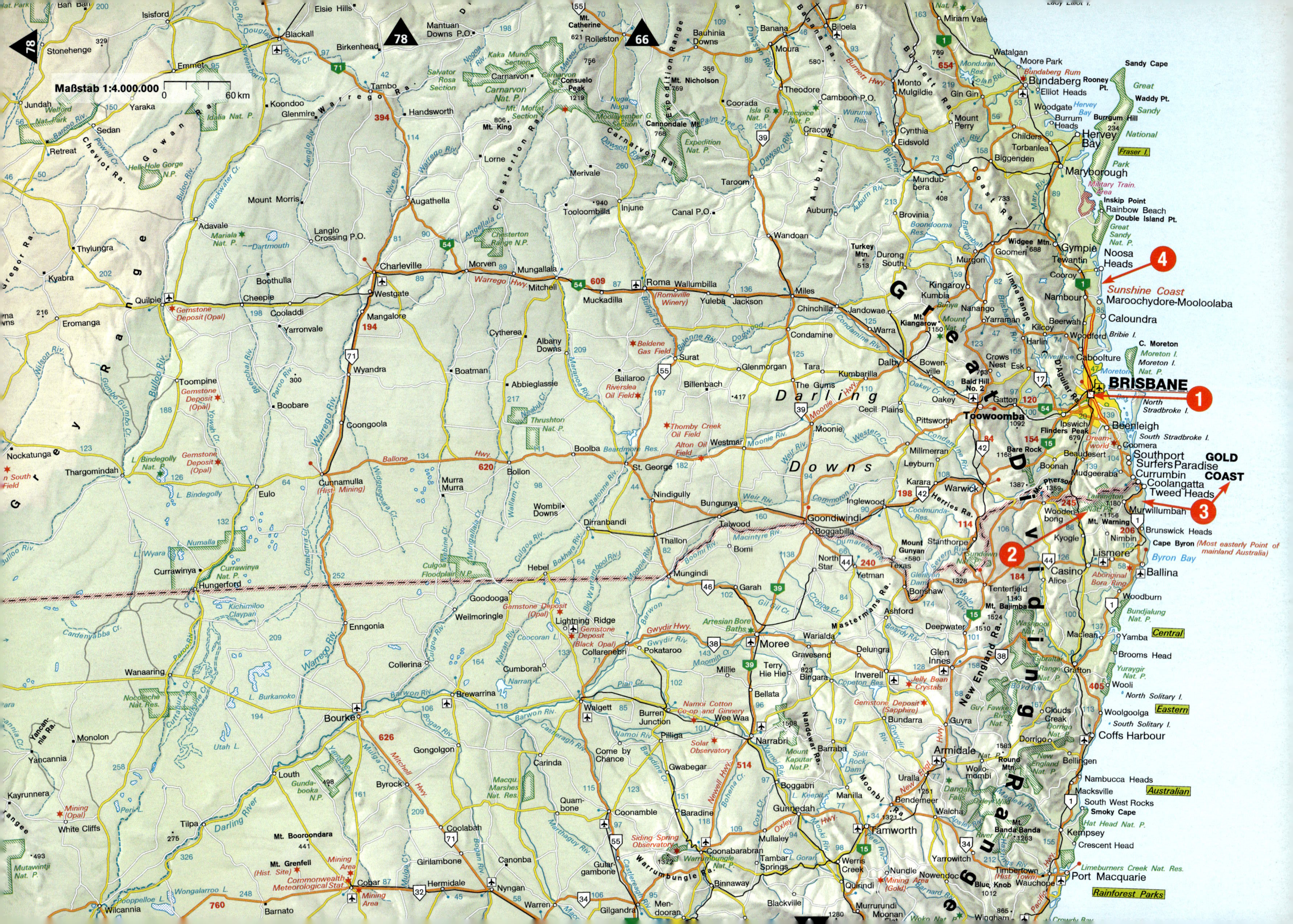

Maßstab 1:4.000.000
0
60 km
78
66
BRISBANE
Toowoomba
GOLD COAST
Southport
Surfers Paradise
Coolangatta
Tweed Heads
Sunshine Coast
Maroochydore-Mooloolaba
Noosa Heads
Caloundra
Gympie
Nambour
Maryborough
Hervey Bay
Bundaberg
Fraser I.
Sandy Cape
Great Sandy National Park
North Stradbroke I.
South Stradbroke I.
Moreton I.
Beenleigh
Ipswich
Gatton
Dalby
Kingaroy
Murgon
Warwick
Stanthorpe
Tenterfield
Lismore
Casino
Ballina
Byron Bay
Cape Byron (Most easterly Point of mainland Australia)
Brunswick Heads
Murwillumbah
Kyogle
Grafton
Maclean
Yamba
Coffs Harbour
Bellingen
Nambucca Heads
Macksville
Kempsey
Port Macquarie
Wauchope
Armidale
Tamworth
Gunnedah
Narrabri
Moree
Inverell
Glen Innes
Goondiwindi
St. George
Roma
Miles
Chinchilla
Charleville
Cunnamulla
Quilpie
Bourke
Brewarrina
Walgett
Lightning Ridge
Cobar
Nyngan
Coonamble
Coonabarabran
Wilcannia
Tambo
Blackall
Augathella
Mitchell
Morven
Taroom
Theodore
Biloela
Moura
Banana
Eidsvold
Monto
Gin Gin
Childers
Surat
Dirranbandi
Mungindi
Hungerford
Thargomindah
Eromanga
Great Dividing Range
Darling Downs
Carnarvon Nat. P.
Warrego Hwy.
Mitchell Hwy.
Newell Hwy.
Gwydir Hwy.
New England Ra.
Warrumbungle Ra.
Nandewar Ra.
Darling River
Warrego Riv.
Central Eastern Australian Rainforest Parks
Gemstone Deposit (Opal)
Siding Spring Observatory

Infos

Ein herrlicher Abend – und Brisbane, die Hauptstadt Queenslands, leuchtet

BRISBANE 1

Sydneysider oder Melbournians blicken ein wenig herablassend auf die drittgrößte Stadt Australiens, deren 1,5 Mio. Einwohner in der Tat darüber hinwegtäuschen, dass sich Brisbane eine gewisse Beschaulichkeit bewahrt hat.

Allgemeines und Geschichte: Doch in den kunterbunten Vororten quirlt das Leben, mit den Southbank Parklands hat man, 1988 zur Weltausstellung, eine fantastische Grünoase mitten in der Stadt geschaffen – und schnell ist man mit dem Wagen in bezaubernden Nationalparks oder an herrlichen Stränden. So genießen die Brisbanians den hohen Freizeitwert ihrer Stadt in vollen Zügen. Zudem hat die Stadtverwaltung seit den 1980er-Jahren eine Menge getan, um Brisbane aus der Aschenputtel-Rolle zu bringen: Längst kann die City mit glas- und chromverbrämten Wolkenkratzern glänzen, elegante Shopping Centres entlang der Queen Street Mall steigern die Kauflust, erlesene und schicke Restaurants regen den Appetit an, und anspruchsvolle Museen und Galerien machen Kultur zum Genuss.

Mit der Gründung des Moreton-Bay-Straflagers am späteren Brisbane River um die Jahreswende 1824/1825 besiedelten die ersten Weißen das spätere Queensland. 1841 gab man das Gebiet für Siedler frei. Immer mehr Familien, Farmer, Kaufleute zog es nun aus dem Süden in das reiche Land rund um Brisbane oder die Weidegründe der Darling Downs im Westen. Am 6. Juni 1859, als über 11 000 Menschen das Gebiet zwischen Brisbane an der Moreton Bay und Rockhampton im Norden bewohnten, gestattete Queen Victoria die Gründung der eigenständigen Kolonie Queensland – die ihren Namen der Queen zu Ehren trägt, mit Brisbane als Hauptstadt. Heute sorgen Handel und Dienstleistung für Wohlstand. Ein ehrgeiziges Projekt der Stadtverwaltung und Regierung von Queensland ist zurzeit der Bau der Queensland Gallery of Modern Art, einem Kulturkomplex, der vermutlich 2006 eröffnet wird.

Sehenswertes: Inmitten der gepflegten, vom Ufer des Brisbane River malerisch eingefassten Parkanlage der alten **Botanic Gardens** beginnt die Entdeckungstour durch die Innenstadt. Unter mächtigen Bäumen findet man die Hinweisschilder zum **Old Government House**. Zwischen dem modernen Bau des Institute of Technology und dem Flussufer lädt die ehemalige Residenz des Gouverneurs von Queensland zur Besichtigung ein (40 George St., Mo. – Fr. 10.00 – 16.00 Uhr, Tel. 07/32 29 17 88). Heute beherbergt das 1862 im neoklassizistischen Stil errichtete Gebäude die Verwaltung des National Trust. Am Parkausgang an der George Street passiert man das 1889 eröffnete **Parliament House** (Führungen: Mo. – Fr. 9.30, 10.30, 11.15, 14.30, 15.15, 16.15, Sa. und So. 10.00 und 14.00 Uhr, außer bei Parlamentssitzungen, Tel. 07/34 06 75 62). Das nächste stattliche Baudenkmal auf der George Street (Ecke Margaret Street) ist **The Mansion**. Der viktorianische Komplex aus sechs eleganten Reihenhäusern wurde gegen Ende des vorigen Jahrhunderts von vornehmen Familien der Stadt bezogen. Heute haben Restaurants und Geschäfte in den restaurierten Mauern Platz gefunden. Durch die schmale Stephens Lane gelangt man auf die William Street zur No. 111, dem **Old Commissariat Store**, einem von insgesamt nur zwei erhaltenen Bauwerken aus Brisbanes Ära als Sträflingskolonie. Beachtlich sind die bis zu 1,20 m dicken Mauern des 1829 fertig gestellten Baus. Das dritte Stockwerk wurde nachträglich zu Beginn des 20. Jh.s aufgesetzt. Wo linker Hand die Victoria Bridge über den Brisbane River führt, beeindruckt rechter Hand das palastartige Treasury Building, einst Sitz des Finanzministeriums, seit einigen Jahren Spielplatz des **Conrad Treasury Casino** (tgl. rund um die Uhr geöffnet, Tel. 07/33 06 88 88). Die **Queen Street Mall** ist die zentrale Einkaufsmeile der Stadt. Links und rechts locken illustre Portale ins Innere mehrstöckiger Shopping Centres. Jenseits der Edward Street zeugt rechter Hand die stolze Fassade des **General Post Office** von den wohlhabenden Kolonialtagen Brisbanes: Im Jahre 1871 wurde das viktorianische Schmuckstück errichtet – exakt dort, wo zuvor weibliche Sträflinge in einem Lager eingepfercht gewesen waren. An der Wickham Terrace steht die **Old Windmill**, das zweite noch existierende Gemäuer aus ganz früher Kolonialzeit, exakt aus dem Jahr 1828. Anfangs arbeitete die Mühle tatsächlich mit Windkraft, doch bald wurden die Mahlsteine ausschließlich durch Muskelkraft der Sträflinge in Bewegung gehalten. Gegen Ende des 19. Jh.s wurde der Mühlen-Turm mit einer Aussichtsplattform ausgestattet. Seitdem nennt ihn der Volksmund ›The Observatory‹. Sehenswert ist auch die in den 1920er-Jahren im neoklassizistischen Stil großzügig erbaute **City Hall** mit einer Kunstsammlung, der Art Gallery im Parterre. Lohnend ist das Panorama vom Ausguck des 92 m hohen Uhrturms (Turm: Mo. – Fr. 8.30 bis 15.30 Uhr; City Hall: Mo. – Fr. 8.00 – 17.00 Uhr). Mitten in der Stadt, am Südufer des Brisbane River, wurde das 16 ha große ehemalige Ausstellungsgelände der Expo 88 zu einem attraktiven Erlebnispark, den **South Bank Parklands**, umgestaltet (Haupteingang: Glenelg St., tgl. 5.00 Uhr bis Mitternacht). Sehenswert ist das Butterfly & Insect House (tgl. 9.00 – 17.00 Uhr) mit der größten Schmetterlingspopulation ganz Australiens. Als origineller Badesee wurde eine Lagune

> **TIPP**
>
> ### ›Flüssiges‹ Sightseeing
>
> Brisbanes Geschichte begann am Fluss – und so bietet sich Sightseeing vom Brisbane River aus an. Eine tolle Möglichkeit: mit den alten Schaufelraddampfern der Kookaburra River Queens. Abfahrt ab Southbank tgl. 11.30 und 18.30, ab 1 Eagle St Pier tgl. 12.00 und 19.00 Uhr, Buchung unter Tel. 07/32 21 13 00 oder www.kookaburrariverqueens.com.

Spaß für Groß und Klein an der Gold Coast

mit künstlich aufgeschüttetem Sandstrand angelegt. Drumherum gibt es eine Vielzahl verschiedener Restaurants und Imbissbuden, die bis spät am Abend geöffnet sind. Das South Bank Visitor Information Centre (Stanley Street Plaza, Tel. 07/38672051, www.south-bank.net.au) gibt auch Auskunft über das aktuelle Programm im Amphitheater.

Museen: Der dominierende Gebäudekomplex des **Queensland Cultural Centre** in der Melbourne Street am südlichen Flussufer und zu beiden Seiten der Victoria Bridge gehört zum Pflichtprogramm jedes Brisbane-Besuchs. Drinnen überrascht die lichtdurchflutete **Art Gallery** (Mo. – Fr. 10.00 – 17.00, Sa., So. 9.00 bis 17.00 Uhr, Tel. 07/38 40 73 33) mit anspruchsvoller australischer und europäischer Kunst, während das **Queensland Museum** (tgl. 9.00 – 17.00 Uhr, Tel. 07/38 40 73 03) außergewöhnlich anschaulich über Historie und Naturgeschichte Queenslands informiert. Derselbe Komplex beherbergt außerdem das **Queensland Performing Arts Centre** mit Konzertsaal und Theaterbühnen (Programminformation und Kartenbestellung: Tel. 07/38 40 73 50), die **State Library** (tgl. 10.00 –17.00 Uhr) mit Gelegenheit, in Zeitungen und Magazinen zu blättern, sowie gemütlichen Cafés und Restaurants. Führungen werden zu wechselnden Zeiten angeboten (Tel. 07/38 40 72 29).

Unterkünfte: **Annie's Shandon Inn** ist ein gemütliches und preisgünstiges Bed & Breakfast in einem alten Queenslander-Haus am Rande der Innenstadt. 405 Upper Edward St., Spring Hill, Tel. 07/38 31 86 84, Fax 07/38313073 €€.

Ibis: Ein sehr gutes, zentral gelegenes Dreisterne-Haus. 27-35 Turbot St., Tel. 07/32 37 23 33, Fax 07/32 37 24 44, www. accorhotels.com €€-€€€.

Restaurants: **Anise** zählt zu den besten Weinbars der Stadt mit sehr guter französischer Küche. 697 Brunswick St., Tel. 07/33 58 15 58, Di. – Sa. Lunch und Dinner, Mo. nur Dinner, So. nur Lunch.

E'cco Bistro: Noch immer Brisbanes Gourmet-Hotspot. 100 Boundary St./Cnr. Adelaide St., Tel. 07/38318344, Di. – Fr. Lunch und Dinner, Sa. nur Dinner.

Lat 27 zählt zu den Aufsteigern mit exzellenter Neuer Australischer Küche. 27 Macrossan Street, Tel. 07/38 443 34, Di. – Fr. Lunch und Dinner, Mo. und Sa. nur Dinner.

Umgebung: Das **Lone Pine Koala Sanctuary**, 11 km südwestlich der City, gilt als ältester Tierpark Australiens, Kängurus fressen den Besucher hier aus der Hand (tgl. 9.00 – 17.00 Uhr). Hundert Meter hohe Dünen, kilometerlange Strände, weiche Sandpisten und keinerlei befestigte Straßen: Nur zu Fuß oder mit dem Geländewagen (mit reduziertem Reifendruck) gibt es auf **Moreton Island** ein Fortkommen. An der Ostseite kann man an einfachen Strandcampingplätzen ein Bad nehmen, im Innern bringen verschwiegene Süßwasserseen Abkühlung, und an der Westseite, am idyllisch gelegenen Tangalooma Resort (Buchung unter Tel. 07/32 68 63 33, www. tangalooma. com) dürfen Delfine bei Flut von Hand gefüttert werden (Dolphin Education Centre). Die Autofähre setzt ab Scarborough, ca. eine halbe Stunde nördlich von Brisbane, mehrmals täglich über. Ziele für einen Strandaufenthalt sind auch **North Stradbroke Island** mit tollen Surfspots am Point Lookout (Info bei Stradbroke Holidays, Tel. 07/38210266) und **South Stradbroke Island** mit lang gezogenen Badestränden.

ⓘ Brisbane Tourism, City Hall, King George Square, Tel. 07/32 21 84 11, Fax 32 29 51 26 und Queen Street Mall, Tel. 07/32 29 78 33, Fax 32 29 37 60, www.ourbrisbane.com

TIPP

Café am Laufsteg

›Sehen und gesehen werden‹ heißt die Devise in Brisbanes schickem Café San Marco. Die Promenade am Brisbane River, von den Einheimischen ›Catwalk‹ (Laufsteg) genannt, bietet die optimale Bühne. Das Café selbst glänzt mit mediterranem Charme und ebensolcher Küche. Stanley Street Plaza, South Bank, Tel. 07/38464334, tgl. Lunch und Dinner, So. auch Frühstück.

SPECIAL

Rettung am Berg

Mit Stolz zeigt die O´Reilly-Familie, Besitzer des gleichnamigen Guesthouse im Lamington National Park, ihren Gästen alte Fotos von der Rettung zweier Fluggäste. Am 19. Februar 1937 war die ›City of Brisbane‹ mit sieben Passagieren bei sehr schlechtem Wetter an der Mc Pherson Range zerschellt. Vier Personen waren sofort tot, eine weitere stürzte bei der Suche nach Hilfe über eine Klippe. Neun Tage suchten Ranger und Polizei nach den beiden Überlebenden – vergebens. Es war Bernard O´Reilly, der die zwei Gestrandeten fand. Mühsam konnte er sie in die Lodge bringen, wo sie sofort mit allem Notwendigen versorgt wurden. Nicht schlecht staunte die versammelte Familie allerdings über die erste Frage, die einer der Passagiere an sie richtete: ›What about Cricket last weekend? Did Brisbane win?‹

Lamington National Park 2

TOP ZIEL Zu den besten Erlebnissen in Südqueensland zählt die Erkundung des gebirgigen, bezaubernd schönen Lamington-Nationalparks im westlichen Hinterland der Gold Coast. Ein Wanderwegenetz von insgesamt 160 km erstreckt sich über die schroffe Mc Pherson Range – und der subtropische Regenwald, von der UNESCO unter den Schutz des ›Welt-Naturerbe der Menschheit‹ gestellt, hat es wahrlich in sich: riesige Würgefeigen mit lianenartigen Luftwurzeln wechseln sich mit Moreton-Bay-Eukalypten und dichten Palmfarnen ab, hinter denen sich die munteren Pademelon-Zwergkängurus verstecken. Seltene Geldohrkakadus oder rote Pennantsittiche gehören ebenfalls zu den Bewohnern dieses Paradieses, für eine nach Regenfällen enorme Geräuschkulisse sorgen über 500 Wasserfälle. Benannt ist der Park nach Lord Lamington, dem ehemaligen queensländischen Gouverneur. Der hatte den Park zu Beginn des 20. Jhs. ein einziges Mal besucht – zur Jagd auf Koalas.

Unterkünfte und Restaurants: **Binna Burra Mountain Lodge:** Hier können Wanderer

Auf Tuchfühlung mit einem Emu-Straußenvogel

Infos

Zur Lunchtime sind auch Brisbanes Straßencafés gut gefüllt

ihr müdes Haupt auf dem Campingplatz oder in gemütlichen Zimmern betten und in einem guten Restaurant speisen. Tel. 07/ 55 33 36 22, Fax 07/ 55 33 36 58 , www.binnaburralodge.com. au €€.

O'Reilly's Rainforest Guesthouse Die zweite Unterkunft mit Campingplatz. Das Haus bietet auch Tagesausflüglern Wanderungen an und verfügt über ein gehobenes Restaurant mit sehr guter australischer Küche. Tel. 07/55 44 06 44, Fax 07/55 44 06 38, www.oreillys.com. au €€-€€€.

TIPP

Ninderry Manor

So stellt man sich ein Bed & Breakfast vor: klein, üppig bis plüschig eingerichtet, mit wolligen, vorgewärmten Bademänteln neben der Dusche, mit sehr gepflegtem Garten – und opulenter Gourmet-Morgenmahlzeit. Ninderry Manor ist ein kleines Juwel, gelegen zwischen Yandina und Coolum Beach. 12 Karnu Drive, Ninderry via Yandina, Tel. 07/54727255, Fax 07/ 54467089, E-Mail: kerry@ninderrymanor.com.au, www.ninderrymanor.com.au €€.

Gold Coast 3

Etwa 60 km südlich von Brisbane beginnt der breite, 42 km lange, goldgelbe Sandstrand, der die Gold Coast weltberühmt gemacht hat. Das milde subtropische Klima zieht jedes Jahr über 3 Mio. Besucher an.

Ferienorte: Von **Southport** bis **Coolangatta**, rund um **Surfers Paradise**, erstreckt sich das Häusermeer aus Hotels, Motels, Appartementtürmen und Shopping Centres. Man fühlt sich schon auf den ersten Blick an Miami Beach erinnert – und in der Tat gilt die Gold Coast auch als Spielwiese des australischen Jetset. Wer Action, turbulentes Nachtleben, Bars und Restaurants, tolles Shopping und sonstige Vergnügungen liebt, der ist hier richtig.

Aktivitäten: Mit Kindern kommt man nur schwer an den bunten Vergnügungsparks am Straßenrand vorbei: **Dreamworld** (Dreamworld Parkway, am Pacific Highway, Coomera, tgl. 10.00 – 17.00 Uhr) bietet Tiersafaris, rasante Karussellfahrten, Helikopterflüge und vieles mehr. Im **Sea World** (The Spit, Main Beach, tgl. 10.00 – 17.00 Uhr) gibt es Kunststücke von Seelöwen, Delfinen und anderen Meeresbewohnern zu sehen. **Warner Brothers Movie World** (am Pacific Highway, Oxenford, tgl. 10.00 – 17.00 Uhr) können Eltern und Kinder hinter Hollywoods Filmkulissen blicken – und vielleicht selbst einen Streifen drehen. Gleich nebenan lockt **Wet'n'Wild** (tgl. 10.00 – 16.30, Nov.– Feb. bis 17.00, Jan. bis 19.00 Uhr) mit actionreichen Wildwasserfahrten und andren feuchten Späßen. Erwachsene können ihren Spieltrieb in **Jupiters Casino** ausleben (Gold Coast Highway, Broadbeach, tgl. 24 Std.). Mit dem **Pacific Fair Shopping Centre** befindet sich ein ausgezeichnetes Einkaufszentrum gleich gegenüber.

Restaurant: Oskars on Burleigh, 43 Goodwin Terrace, Burleigh Heads. Tel. 07/55 76 3722, bietet zur hervorragenden australischen Küche auch Paradeblicke auf den wohl besten Surfstrand der Gold Coast.

ⓘ Gold Coast Information Centre, Cavill Mall, Surfers Paradise, Tel. 07/55 38 44 19, Fax 07/55 70 32 59. Gold Coast Information Centre, Beach House Plaza, Coolangatta, Tel. 07/ 55 36 77 65, Fax 07/ 55 36 784, www.goldcoasttourism.com. au

Sunshine Coast 4

Der charmante, von der Sonne begünstigte Küstenabschnitt im Norden Brisbanes gehört zu den beliebtesten australischen Ferienzielen. Kein Wunder, denn flache und breite Strände locken zum Baden im kristallklaren Wasser. Und man pflegt das süße Leben fast so gut wie an der Côte-d'Azur. Doch geht es hier geruhsamer zu als an der Gold Coast.

Aktivitäten: Auf über 150 km, zwischen Bribie Island und Fraser Island, reihen sich Traumstrände und hübsche Badeorte aneinander – ein **Badeparadies** par excellence, das auch zu allen Spielarten des Wassersports wie **Segeln**, **Surfen**, Fahrten mit dem **Katamaran** o.ä. einlädt. Sehr lohnend ist ein landschaftlich reizvoller Trip auf dem Sunshine Motorway/David Low Way ab Caloundra dicht an der Küste entlang bis **Noosa Heads** im Norden. Dieser schmucke Badeort ist mit der Schwesterstadt **Noosaville** das touristische Zentrum der Sunshine Coast. Tagsüber locken herrlich breite und geschützte Strände wie **Main Beach**, **Marcus Beach** oder **Peregian Beach** und Wassertemperaturen von oftmals mehr als 25 Grad. Abends macht man es sich in vielen Straßencafés und Restaurants auf der Hastings Street gemütlich, und nachts flaniert man auf der Strandpromenade unterm Sternenhimmel bei tropisch milden Temperaturen. Für kurze **Wanderungen** bietet sich der 430 ha große, stadtnahe Noosa National Park an. Nur mit dem Geländewagen (z.B. bei Sunshine 4wd Hire, Noosaville, Noosa Tewantine Rd., Tel. 07/54 47 37 02) erschließt sich die kunterbunte Sandstein-Klippenlandschaft des Cooloola National Park im Norden.

Unterkünfte und Restaurants: Sheraton Noosa Resort: Wer dezenten Luxus und eine gewisse Business-Atmosphäre liebt, der checke hier ein. 14-16 Hastings Street, Tel. 07/ 54 49 48 88, Fax 07/ 54 49 22 30 €€€.

Tingirana Motel: Eine preiswerte, dennoch ordentliche und direkt am Strand von Noosa gelegene Unterkunft. 25 Hastings Street, Tel. 07/54 47 32 74, Fax 07/54 47 47 81 €€.

Alegria: Dahinter verbirgt sich eines der besten spanischen Restaurants der Coast. 1. Stock, Cnr Duke & Bryan Streets, Sunshine Beach, Tel. 07/54 74 55 33, tgl. Lunch und Dinner.

Aromas: Ein klassisches Straßencafé. 32 Hastings Street, Tel. 07/54 74 97 88, tgl. geöffnet.

Berardos wird für seine exzellente Moderne Australische Küche gefeiert. 50 Hastings Street, Tel. 07/54 47 56 66, tgl. Lunch und Dinner.

Spirit House: Ein Hotspot für die Fans südostasiatischer Küche in Yandina, wo auch ein Kochkurs angeboten wird. Ninderry Road, Tel. 07/ 54 46 89 94, tgl. Lunch, Mi. – Sa. auch Dinner.

Umgebung: Idyllische Dörfer machen den besonderen Reiz der grünen Hügellandschaft fern der Küste aus: **Maleny**, **Flaxton**, **Mapleton** und die romantische Ansiedlung **Montville**, wo originelles Kunsthandwerk angeboten wird, z.B. Schnitzwerk aus Holz oder handbemaltes Geschirr. Von Ort zu Ort führt der kurvige **Range Drive**, der in Landsborough vom Bruce Highway abzweigt.

ⓘ Sunshine Coast Visitor Information, 7 Caloundra Road, Caloundra, Tel. 07/ 54 91 02 02, Noosa Visitor Information Centre, Hastings Street, Noosa Heads, Tel. 07/54 47 49 88, info@tourismnoosa.com. au

Wo Robinson relaxen würde

Schon Fraser Island verführt mit kilometerlangen Stränden, dichtem Dschungel und kristallklaren Süßwasserseen zum süßen Nichtstun. Doch gilt es dort immerhin noch viele Abenteuerpisten im Allradwagen zu bewältigen. Sind dann erst die Inseln des südlichen Barrier Reef mit ihrem Puderzuckersand, Palmenhainen, gepflegten Hotelanlagen und kunterbunten Tauchrevieren erreicht, dann ist das Terrain für die Robinsonade endgültig bereitet. Kein Wunder, dass Mittelqueensland zu allen Jahreszeiten sogar die sonnenverwöhnten, aber erholungshungrigen Australier lockt.

Am Heart Reef in den Whitsundays zeigen die Korallen Herz.

▲ Wild und unberührt – Ostküste von Fraser Island

▼ Ein Dingo

▲ Allradbustour auf Fraser Island

▼ Bad in einem der Süßwassercreeks auf Fraser Island

▼ *Subtropischer Regenwald, Fraser Island*

Sie war eine gute Fee und hatte dem Gott Beiral tüchtig bei der Erschaffung der Erde geholfen. Dafür sollte ›K'gari‹, so ihr Name, von Beiral belohnt werden. K´gari bekam ewiges Leben. Beiral verwandelte sie nämlich in eine wunderschöne, grüne Insel.

›K'gari‹ bedeutet übersetzt aus dem Dialekt der Badjala-Aborigines: Paradies. Längst gibt es keine Badjala-Ureinwohner

SPECIAL

Gestrandet im Paradies

Captain James Fraser und seine Frau Eliza saßen gerade beim Dinner, als es geschah: ein Ruck ging durch die ›Stirling Castle‹ – das Schiff hatte eines der Swain-Riffe nahe dem heutigen Rockhampton gerammt an jenem 22. Mai 1836. Eilends musste die 18köpfige Reisegesellschaft auf ein Beiboot flüchten. Obwohl die Matrosen ruderten was das Zeug hielt, konnten sie der starken Strömung nichts entgegensetzen. Das Boot trieb runde 300 km in Richtung Süden an eine geheimnisvolle, waldreiche große Sandinsel mit Ureinwohnern, die den weißen Ankömmlingen nicht besonders freundlich gesonnen waren. Nur Eliza Fraser sollte die Gefangennahme durch die Badjala-Aborigines überleben. Sie wurde von zwei ehemaligen Häftlingen befreit, die sich von Bribie Island aus zu ihr durchschlugen. Sie verstand es, ihr Geschick wortreich und fantasievoll ausgeschmückt zu vermarkten. Ihre Erzählungen lockten nacheinander Holzfäller, Fischer, kampflustige Abenteurer und Missionare auf die Insel, die bald ihren Namen tragen sollte: Fraser Island.

mehr, die sich am Lagerfeuer den Mythos von K'gari erzählen. Und auch ihr Name hat sich zwischenzeitlich geändert. Doch das Paradies, das ist sie geblieben, die größte Sandinsel der Welt, auch wenn das nicht immer so klar war. Denn viele Jahre bedrohten Holzfäller und Minengesellschaften die empfindliche Natur auf Fraser Island. Doch nun haben die verwunschen raunenden, bis zu 70 m hohen Satinay-Bäume, die murmelblauen Binnenseen mit ihren puderzuckerweißen Silikatsand-Stränden, die wie gemalt wirkenden,

◄ *Feines Aderwerk: das Barrierriff von oben*

▼ *Seestern am Riff*

▲ *Eine der vielen hundert Riff-Inseln*

▼ *Unterwegs mit einer Meeresbiologin*

▼ *Alles klar zum Abtauchen*

orangegelben Sandsteinfelsen, rastlose Zwergkängurus und die krächzenden, sehr scheuen Erdpapageien Ruhe vor Kettensägen und Baggern. Doch noch immer fürchtet die UNESCO, die Fraser Island 1992 zum Welt-Naturerbe der Menschheit erklärte, um das Geschick der Insel – denn nun bedroht der Massentourismus das empfindliche Ökosystem. Wenn etwa im Juli und August, den australischen Wintermonaten, die Wale an der Fraser-Küste vorbeiziehen, herrscht in Hotels und auf Ausflugsbooten Hochbetrieb.

Rum aus Bundaberg

Pfeift bei einer solchen ›Whale Watching-Tour‹ der Wind so richtig aus dem winterlich kalten Süden heran, greift so mancher Wal-Tourist gerne zu einem Fläschchen Rum. Das mag von gar nicht weither kommen, nämlich aus Bundaberg, der Rum-Hauptstadt Australiens. Auf fruchtbarem Vulkanboden gedeiht dort das Zuckerrohr besonders gut; zum Wohle der Bundaberg Rum Distillery, die mit ihren Produkten den ganzen Kontinent versorgt. Dass das Städtchen das Tor zu den Tropen ist, lässt sich übrigens noch an einer anderen Attraktion festmachen: Im Schildkrötenreservat Mon Repos können geduldige Reisende beobachten, wie Echte oder Unechte Karettschildkröten oder die tropischen Grünen Meeresschildkröten im November und Dezember ihre Eier im Sand ablegen – ein einzigartiges nächtliches Schauspiel.

Am Wendekreis des Steinbocks

Und dann heißt es endgültig: willkommen am Great Barrier Reef, einem Wunderwerk von Mutter Natur, einem Millionen Jahre alten Korallenbollwerk aus mehr als 500 Inselchen und Inseln und 2500 Einzelriffen, Lebensraum von allein mehr als 1500 verschiedenen Firscharten. Ein erster formidabler Vorposten ist Heron Island, schon mit allen Utensilien gesegnet, die es für eine Rundum-Relax-Insel braucht: watteweichen Sandstränden, einem schicken Hotel mit Beach-Bungalows und guter Küche, tollen Schnorchel- und Tauchrevieren, Palmen und ein bisschen Regenwald, in dem zahllose seltene Wasservögel brüten können. Es mache sich bloß keine Sor-

▲ Segelpartie in den Whitsundays

▲ Zahmer Kakadu auf Hayman Island

▲ Die Schätze des Meeres

▶ Whitsunday-Küs

▼ Hamilton Island Resort

ge, wer hier leer ausgeht, denn die Natur wird es noch bunter treiben, je weiter man nach Norden vorstößt. Rund um den Wendekreis des Steinbocks, von dem die Capricorn Coast den Namen hat, verlocken klingende Namen wie Great Keppel Island oder North Keppel Island oder die Hibiscus Coast vor Mackay mit Brampton Island. Und dann, als Krönung, die 74 Whitsunday-Inseln, benannt von Entdecker Captain James Cook, der am 3. und 4. Juni 1770, dem damaligen Pfingstfest, nicht ahnte, an welch vortrefflichen Urlaubsinseln er da vorbeifuhr – sonst hätte er dort vermutlich eine Pause eingelegt.

Jet-Set-Insel Hamilton

Hier waren einfach alle schon, die Rang und Namen hatten und haben, ob Aga Khan, Prinz Albert von Monaco oder Ex-Beatle George Harrison, der auf der Jet-Set-Insel Hamilton Island sogar ein Anwesen besitzen soll. Auf ebendieser begann auch Australiens Ostküstentourismus: 1975 kaufte ein bis dato unbekannter Investor namens Keith Williams das Eiland für einen Spottpreis, umgerechnet ca. 150 000 Euro. Die Bilder von der ersten Super-Luxus-Hotelanlage in Down Under, 1984 verbreitet über Zeitungen, Zeitschriften und das Fernsehen, sowie den zauberhaften Whitsunday-Inseln lösten einen Reiseboom in Queensland und New South Wales aus – einfach jeder wollte mal dagewesen sein.

Strände und Szene

Kein Wunder: Aufnahmen von Paradiesstränden wie Whitehaven Beach auf Whitsunday Island, der zu den schönsten Badeplätzen der Welt zählt und zahllose Postkarten ziert, müssen einfach wirken. Das hat auch die Backpackerszene längst erkannt – Abend für Abend überfluten junge Rucksackreisende aus aller Welt in ganzen Scharen die von zahllosen Kneipen gesäumten Straßen von Airlie Beach, um dort gemütlich ein Bier im Stehen zu trinken oder zu feiern. Sie sind hier, um zu segeln, zu surfen und zu tauchen, um ans Riff zu fahren, sich einfach nur zu sonnen und zu erholen auf einer jener Inseln mit Namen wie ›Daydream‹, die man leicht auch anders nennen könnte – ›K'gari‹, Paradies.

Maßstab 1:4.000.000
0
60 km
Great Barrier Reef
Great Barrier Reef
Marine Park
Central Section
Capricorn Section
Lihou Reefs and Cays
Flinders Reef
Marion Reef
Swain Reefs
Saumarez
Capricorn Group
Bunker Group
Lady Elliot I.
Tryon I.
Heron I.
North West I.
92
78
54
1
2
3
4
5
6
7
8
Atherton
Malanda
Babinda
Bartle Frere
Innisfail ("Sugar Town")
Johnstone South
Millaa Millaa
Ravenshoe
Koombooloomba
Silkwood
El Arish
Mission Beach
Dunk I.
Bedarra I.
Tully
Edmund Kennedy Nat. P.
Rockingham Bay
Kennedy
Cardwell
Gould I.
C.Sandwich
Hinchinbrook I.
Hinchinbrook I. Nat. P.
Abergowrie
Halifax
Palm Is.
Ingham
Great Palm I.
Toobanna
Bambaroo
Halifax Bay
Mutarnee
Hidden Valley
Toomula
Magnetic Island
Crystal Creek Nat. P.
Mt.Halifax
Bluewater
TOWNSVILLE
Bowling Green Bay
Giru
Mt. Elliot
Ayr
Home Hill
Green Bay Nat.P.
C.Upstart
Upstart Bay
C. Upstart Nat. P.
Oweenee
Eumara Springs
Dotswood
Woodstock
Clare
Guthalungra
Fanning River
Mingela
Gumlu
Millaroo
Mt.Abbot
Bowen
Gloucester I.
Hayman I.
Hook I.
Shute Harbour
Airlie Beach
Whitsunday I. Nat.P.
Whitsunday I.
Hamilton I.
Lindeman Group
Conway Nat.P.
Whitsunday Passage
Powlathanga
Charters Towers
Ravenswood
Dalbeg
Binbee
Mt.Stewart
Homestead
Strathmore
Proserpine
Collinsville
Harvest Home
Gregory Devel. R.
Campaspe
Dandenong Park
Burdekin Dam
Dalrymple L.
Hatilah
Bloomsbury
Newry I.
Cumberland Is.
Scawfell I.
Calen
Seaforth
Brampton Is.
Eungella Nat.P.
Mt.Dalrymple
Kuttabul
Mackay
Eungella
Mirani
Hidden Valley
Netherdale
Marian
Walkerston
Prudhoe I.
Creek
Longton
Mount Coolon
Glenden
Mt.Bryden
Homevale Nat. P.
Sarina Beach
Sarina
C.Palmerston
Elphinstone
Epsom
Colston Park
Mt.Funnel
Northumberland Isles
Percy Isles
Ilbilbie
Mirtna
Yarrowmere
Ulva
Blackwood Nat. P.
Mount Douglas
L.Buchanan
Riverside
Goonyella Mine
Nebo
Mt.Scott
Avon Downs
Disney
Moray Downs
Carmichael
Doongmabulla
Coppabella
Dipperu Nat. P.
Carmila
Wyena
Moranbah
Deverill
Collaroy
Clairview
Long I.
Arthur Pt.
Townshend I.
Peak Downs Mine
The Alps
Broad Sound
Shoalwater Bay
(Big-Game Fishing)
Shuttleworth
Lou Lou Park
Epping Forest Nat. P.
Epping Forest
Frankfield
Mazeppa Nat. P.
Cumberland Downs
Batheaston
St.Lawrence
Double Mtn.
Port Clinton
C.Clinton
C.Manifold
Military Training Area
L.Galilee
Adelong
Eastmere
Dunrobin
Laglan
Albro
Monteagle
Blair Athol
Dysart
May Downs
Ogmore
Marlborough
Byfield
Byfield Nat. P.
Corio Bay
Clare
Clermont
Gilberts Dome
Middlemount
Aramac
Rangers Valley
Telarah
German Creek
Tieri
Oaky Creek
Capella
Junee
Mt.Gardiner
Cammoo Caves
Yeppoon
Great Keppel I.
Fairhill
Leura
Yaamba
The Caves
Cawarral
Emu Park
Keppel Bay
Rosedale
Garfield
Richmond Hills
Mt.Tableton
Rubyvale
Emerald
Bogantungan
Barcaldine
Jericho
Anakie
Gemstone Deposit (Sapphire Zircon)
Comet
Comet Downs
Blackwater
Dingo
Duaringa
Rockhampton
Stanwell
Mount Morgan
Westwood
Gogango
Bajool
Port Alma
Curtis I.
C.Capricorn
Mount Larcom
Gladstone
Tannum Sands
Mt.Alma
Capricorn Hwy.
Bluff
Blackdown Tableland Nat. P.
Alpha
Laleham
Fairbairn Res.
Yalleroi
Durrandella
Elsie Hills
Nandowrie P.O.
Springsure
Woorabinda
Rannes
Calliope
Specimen Hill
Rodds Bay
Eurimbula Nat. P.
Agnes Waters
Miriam Vale
Mt. Catherine
Mantuan Downs P.O.
Rolleston
Bauhinia Downs
Banana
Biloela
Moura
Blackall
Birkenhead
Kaka Mundi Section
Carnarvon
Salvator Rosa Section
Carnarvon Nat. P.
Consuelo Peak
Mt. Nicholson
Theodore
Monto
Mulgildie
Gin Gin
Watalgan
Moore Park
Bundaberg Rum
Bundaberg
Rooney Pt.
Elliot Heads
Sandy Cape
Great Sandy
Waddy P.
Koondoo
Glenmire
Tambo
Handsworth
Mt. Moffat Section
Mt. King
Moolayember Section
Cannondale Mt.
Coorada
Isla G. Nat. P.
Precipice Nat. P.
Camboon P.O.
Wuruma Res.
Cracow
Cynthia
Eidsvold
Mount Perry
Woodgate
Hervey Bay
Burrum Heads
Burgum Hill
Childers
Torbanlea
Hervey Bay
National Park
Fraser I.
Expedition Nat. P.
Lorne
Merivale
Taroom
Biggenden
Maryborough
Mundubbera
Military Train. Area
Inskip Point
Rainbow Beach
Double Island
Augathella
Mount Morris
Tooloombilla
Injune
Canal P.O.
Auburn
Brovinia
Boondooma Res.
Great Sandy Nat. P.
Langlo Crossing P.O.
Chesterton Range N.P.
Wandoan
Turkey Mtn.
Durong South
Murgon
Goomeri
Widgee Mtn.
Gympie
Tewantin
Noosa Heads
Sunshine C.
Maroochydore
Mooloolaba
Caloundra
Dartmouth
Charleville
Morven
Mungallala
Mitchell
Roma
Wallumbilla
Miles
Kingaroy
Kumbia
Cooroy
Nambour
Boothulla
Westgate
Cheepie
Cooladdi
Muckadilla
Yuleba
Jackson
(Romaville Winery)
Chinchilla
Jandowae
Warra
Nanango
Yarraman
Mt. Kiangarow
Bunya Mount Nat. P.
Beerwah
Kilcoy
Woodford
Bribie I.
Yarronvale
Mangalore
Cytherea
Albany Downs
Condamine
Harlin
Caboolture
C. Moreton
Moreton Nat. P.
Wyandra
Boatman
Beldene Gas Field
Surat
Glenmorgan
Tara
Dalby
Bowenville
Crows Nest
Esk
Wivenhoe
BRISBANE
Abbieglassie
Ballaroo
Riverslea Oil Field
Billenbach
Kumbarilla
The Gums
Bald Hill
Oakey
Gatton
North Stradbroke I.
Boobare
Coongoola
Thrushton Nat. P.
Thornby Creek Oil Field
Alton Oil Field
Westmar
Moonie
Cecil Plains
Pittsworth
Toowoomba
Millmerran
Flinders Peak
Ipswich
Beenleigh
South Stradbroke
Coomera
Bare Rock
Great Dividing Range
Leichhardt Range
Clarke Range
Connors Ra.
Broadsound Range
Dawson Ra.
Drummond Range
Denham Range
Warrego Ra.
Chesterton Ra.
Carnarvon Ra.
Expedition Range
Banana Ra.
Dawes Ra.
Burnett Ra.
Auburn Ra.
Coast Ra.
Jimna Range
D'Aguilar Ra.
Bruce Hwy.
Dawson Hwy.
Burnett Hwy.
Warrego Hwy.
Moonie Hwy.

Infos

Im Hinkler-Museum wird an die Leistungen des Flugpioniers Bert Hinkler erinnert.

Fraser Island ①

Im weichen Sand der naturbelassenen Düneninsel kommen sowohl Wanderer als auch Off Road Fans voll auf ihre Kosten. Nur Pisten und Pfade führen durchs Innere, vorbei an vielen klaren Süßwasserseen hin zum fast 100 km langen, ebenen Sandstrand an der Ostseite, wo verheerende Wirbelstürme in der Vergangenheit rostige Schiffswracks an Land geschwemmt haben. Unterwegs bekommt man seltene Vogelarten zu Gesicht, aber auch Dingos sowie Brumbies, wie die vor langer Zeit verwilderten Pferde genannt werden.

Entstehungsgeschichte: Vor gut 140 000 Jahren schwemmte erstmals Regen den Sand aus den Erosionsgebieten der Great Dividing Range ins Meer, das ihn, den vorherrschenden Südost-Passatwinden folgend, auf einigen Felsnasen aufwarf, die später einmal Fraser Island heißen sollten. Der Sand baute sich zu größeren Dünen auf; Vögel brachten mit ihrem Kot Pflanzenkeimlinge mit, und bald stabilisierte dank des üppigen Regens wucherndes Grün den Dünenzug. Im Laufe der Jahrtausende warfen der Südostwind und die Wellen immer neuen Sand an, der die alten Dünen in nordwestliche Richtung überlagerte – ein Prozess, der auch heute noch zu beobachten ist, beispielsweise am Hammerstone Sandblow, der den nahe gelegenen Süßwassersee Lake Wabby jährlich um bis zu 3 m zuschüttet. Die unteren, leicht tonhaltigen Schichten der so genannten Teewah-Sande im Osten buk die Sonne zu festem Sandstein, der heute in Form von rot-gelb leuchtenden Klippen zu bewundern ist. Die Farbe deutet darauf hin, dass in den Felsen Eisenoxide eingelagert sind. Unterhalb der Insel konnte sich dank des reichlichen Regens ein großer, konvex-linsenförmiger Süßwasserstock bilden, der knapp 20 Mio. Megaliter Frischwasser enthält und schöne ›Fensterseen‹ wie Lake Mc Kenzie speist.

Aktivitäten: Die **Allradwagentour** entlang dem 75 Mile Beach an der Ostseite gehört zu den Highlights, kann zur Hochsaison (Nov. bis März) allerdings mühsam werden. Nicht selten blockieren hängengebliebene Jeeps die Tracks. Den notwendigen Allradwagen-Permit der Nationalpark-Verwaltung gibt es bei empfehlenswerten Autovermietern vor Ort, etwa Bay 4 WD Centre, 54 Boatharbour Drive, Pialba (Hervey Bay), Tel. gebührenfrei: 1-800 689 819 oder 07/41 24 29 49. Ratsam ist es, Attraktionen wie das Wrack des 1935 aufgelaufenen Passagierschiffs ›Maheno‹, die kunterbunten Sandsteinklippen der Cathedrals (nördlich von Happy Valley) oder den kristallklaren Lake McKenzie, dessen Silikatsand-Strände in reinstem Weiß erstrahlen, nach Möglichkeit am frühen Vormittag oder späten Nachmittag aufzusuchen, wenn sich die zahlreichen Bustouristen auf der An- oder Heimreise befinden. Ein sehr schöner ›Fenstersee‹ ist auch Lake Boomanjin.

Unterkünfte: Kingfisher Bay Resort: Stilvoll wohnen und gut essen kann man in dem in einer ruhigen Bucht gelegenen Kingfisher Bay Resort. Hier gibt es sogar preiswerte Backpacker-Zimmer. North White Cliffs, Fraser Island, Tel. 07/ 41 20 33 33, Fax 07/ 41 20 33 26, reservations@kingfisherbay.com, www.kingfisherbay.com €-€€€.

Happy Valley Resort bietet gemütliche Chalets an einem Hügel nahe dem Strand. Fraser Island/Happy Valley, Tel. 07/41 27 91 44, Fax 07/41 27 91 43 €€.

Umgebung: Das Hafenstädtchen **Hervey Bay** fungiert nicht nur als Tor zu Fraser Island sondern wartet auch mit ansehnlichen Badestränden auf. Hier starten zwischen Juni und August Walbeobachtungstouren (z.B. mit ›Tasman Venture‹, Tel. 07/41 24 96 85), die bis zu sechs Stunden dauern. Die Boote nähern sich den gewaltigen Buckelwalen (humpback whales) bis auf 100 m.

ⓘ Tourist Information Hervey Bay/Fraser Island, 10 Bideford St., Torquay (Hervey Bay), Tel. 07/41 24 96 09, Fax 07/41 25 43 49

Bundaberg ②

Zuckerrohr wird in der Stadt am Burnett River zu einer ganz scharfen Sache: ›Bundy Rum – The famous Aussie Spirit‹. Der populäre Zuckerrohrschnaps hat Bundaberg auf der ganzen Welt bekannt gemacht.

Sehenswert: Etwa 50 km abseits vom Bruce Highway, mit 15 km Abstand zur Küste, liegt die Stadt inmitten ausgedehnter Zuckerrohrplantagen. Was nicht in der Raffinerie zu Zucker verarbeitet wird, landet gleich in der **Bundaberg Rum Distillery** – wer nach der geführten Besichtigung in der angeschlossenen Bar keine hochprozentige Kostprobe zu sich nehmen will, bekommt heimisches, garantiert alkoholfreies Ginger Beer serviert (Avenue St., Führungen zur vollen Stunde, Mo. – Fr. 10.00 – 15.00, Sa., So. 10.00 – 14.00 Uhr).

Museum: Im **Hinkler House Memorial Museum** wird an den in Bundaberg geborenen Bert Hinkler erinnert, der 1928 den ersten Alleinflug von England nach Australien in ›nur‹ 15 Tagen absolvierte. Viele Jahre nach Hinklers Tod wurde sein Haus, das er in England bewohnt hatte, in Einzelteilen in seine Heimat verschifft und am Rand des gepflegten Botanic Garden wieder aufgebaut (Gin Gin Rd., tgl. 10.00 – 16.00 Uhr).

ⓘ Information Centre, Ecke 271 Bourbong/ Mulgrave Sts., Tel. 07/41 52 23 33, Fax 07/41 53 14 44 (gebührenfrei innerhalb Australiens: 1 800 60 4 99, tgl. 9.00 –17.00 Uhr, Filiale 186 Bourbong Street, Tel. 07/4153 88 88, Fax 07/41 53 88 80, info@bundabergregion.com, www.bundabergregion.info

Gladstone ③

Die Industriestadt mit ihren riesigen Aluminium-Schmelzöfen und -Veredelungsanlagen ist vor allem das Tor zu zauberhaften Inseln des Great Barrier Reef.

Sehenswert: Gladstones **Hafen**, wo vor allem Kohle aus den Callide- und Blackwater-Flözen verschifft wurde, ist einer der wichtigsten Ports in Australien. Die Marina Waterfront lädt zum Bummeln ein. Von hier aus fahren auch Boote zu den Inseln des Great Barrier Reef. Im **Calliope Historical Village** gibt es Souvenirmärkte vor historischer Kulisse.

Umgebung: Wer einen ersten Eindruck vom Inselreichtum des Riffs bekommen möchte, kann eine Tagestour nach **Lady Elliott Island** buchen oder dort auch übernachten (Buchung: Lady Elliott Island Resort, Tel. 07/ 55363644, reservations@ladyelliott.com.au, www.ladyelliott.com.au, €€€). Exklusiv ist **Heron Island Resort** – da man knappe zwei Stunden mit einem Katamaran hinausfährt und von dem Eiland aus kein Festland mehr sieht, kommt ›echtes Inselfeeling‹ auf. Buchung über P & O Australian Resorts,

Zeugen der Pionierzeit in Rockhampton

Tel. (gebührenfrei innerh. Australiens) 1800737678 oder Tel. 02/93648900, Fax 02/92992477, €€€.

Rockhampton ④

›Zentrum der Capricorn Coast‹, ›Hauptstadt von Central Queensland‹ und ›Rinderzucht-Metropole‹ – an Selbstbewusstsein mangelt es Rockhampton nicht. Die Stadt am Fitzroy River bietet auf jeden Fall eine liebenswerte Mixtur aus Küstenstadt und Outback-Dorf.

Sehenswertes: ›Rocky‹, wie die rund 55 000 Einwohner ihre Stadt liebevoll nennen, hat Touristen eine Menge Historie zu bieten. Die Reise zurück ins 19. Jh. kann man vor allem auf der **Quay Street** antreten.

Unterkünfte: Rockhampton verfügt über eine Reihe ordentlicher Motels entlang dem Bruce Highway (Gladstone Road).

Country Comfort Inn: siebenstöckige Unterkunft mit gutem Restaurant. 86 Victoria Parade, Tel. 07/49279933, Fax 07/49271615, €€.

Motel 98: preiswerte und gepflegte Unterkunft am Highway. 98 Victoria Parade, Tel. 07/49275322, Fax 07/49275883, €-€€.

Regency on Albert Street, Hotel mit gutem Restaurant. 28-32 Albert Street, Tel. 07/4922 6222, Fax 07/49222573.

Umgebung: Auf dem parkähnlichen Gelände des **Dreamtime Cultural Centre** wird die Steinzeitkultur der Aborigines und Torres Strait Insulaner lebendig gehalten. Die empfehlenswerten Führungen dauern 90 Minuten (Bruce Hwy, 7 km nördlich vom Stadtzentrum, tgl. 10.00 – 15.30 Uhr, Führungen um 10.30 und 13.30 Uhr, Info: Tel. 07/49361655). Die Führung durch das verwinkelte, dunkle Höhlensystem der **Olsen's Capricorn Caverns** scheucht so manche Fledermaus auf. Beeindruckend ist die musikalische Darbietung per Tastendruck im Gewölbe der ›Cathedral‹, wo auch feierliche Trauungen stattfinden (26 km nördlich am Bruce Hwy; tgl. 9.00 – 16.00 Uhr, Führungen zur vollen Stunde).

ⓘ Capricorn Information Centre, Curtis Park, am Bruce Highway, Tel. 07/49272055, Fax 07/49222605, tgl. 9.00–17.00 Uhr. Gleich nebenan befindet sich die auffällige Markierung des Tropic of Capricorn.

TIPP

Röstfrisch

Australien entdeckt die Kaffeekultur. Wer Beweise sucht für diese Behauptung, sollte eine Tasse des röstfrischen Bohnengetränks im Coffee House in Rockhampton probieren. Das Café zählt zu den besten Queenslands. Coffee House, Cnr. Williams/Bolsover Sts., Tel. 07/ 49275722.

Great Keppel Island ⑤

Auf der 14 km^2 großen, populären Ferieninsel wird nicht gekleckert, sondern geklotzt. Rund 400 Übernachtungsgäste kommen unter, sowohl im luxuriösen Resort als auch in einfachen Motelzimmern, im Schlafsaal der Jugendherberge und auf Zeltplätzen.

Aktivitäten: Wen wundert's, dass vor allem junge Leute auf Great Keppel Urlaub machen. Die wollen sich austoben: tagsüber beim Segeln, Wasserski, Windsurfen, Tauchen, Schnorcheln, Fischen und Drachenfliegen, anschließend bei Beach Parties und in der Diskothek. Erholungssuchende müssen auf entlegene Strände und einsame Wanderpfade ausweichen – oder dürfen erst gar keinen Fuß auf die Insel setzen.

Unterkünfte: Great Keppel Island Resort, vergleichsweise teure und noble Hotelunterkunft. Tel. 07/49395044, Fax 07/49391775, €€€.

Kappel Haven an der Nordseite der Insel ist eine etwas preiswertere Alternative. Tel. 07/4933 6744, €€.

Umgebung: Wer schon einmal da ist, sollte auf die benachbarte **Middle Island** hinüberhüpfen, wo das Underwater Observatory, 15 km von der Küste entfernt, beste Einblicke unter Wasser gewährt. Mit dem Flugzeug erreicht man die Insel ab Rockhampton oder bis zu dreimal täglich mit der Fähre ab Rosslyn Bay in Yeppoon.

Mackay ⑥

Fünf Zuckermühlen und die riesige Verladestation im Hafen haben die Küstenstadt, 334 km nördlich von Rockhampton, zur Sugar Capital Australiens gemacht.

Sehenswert: Während der Erntezeit von Juli bis November kann die **Farleigh Sugar Mill** (Info: Tel. 07/ 49574727), 12 km nordwestlich, besichtigt werden. Doch die meisten Besucher zieht's an den breiten, weichen **Sarina Beach** im Süden oder nach **Brampton Island**. Obwohl gut 60 km vom Great Barrier Reef entfernt, ist diese Insel von wunderschönen Korallengärten umgeben und damit ideal zum Tauchen und Schnorcheln.

Unterkunft: Einzigen Hotelkomfort bietet **P & O The Brampton Resort**, Tel. 07/49514499 oder gebührenfrei innerhalb Australiens Tel. 1800737678, Fax 07/33602453, €€€.

TIPP

In die Luft gehen

So richtig komplett ist ein Whitsunday-Erlebnis erst, wenn man Inseln und Inselchen, Cays und Korallenriffe aus der Luft betrachtet und das eigenartige Farbenspiel erlebt hat, das sich beim Überfliegen des Riffs aus der Höhe bietet. Ein bewährter Anbieter von Helikopter- und Leichtflugzeug-Trips ist Heli Reef/Island Air Whitsunday, Tel. 07/49469102.

Airlie Beach / Shute Harbour ⑦

Der Badeort, Tor zu den traumhaften Whitsunday-Inseln, strotzt nur so vor Lebenslust und Unternehmungsgeist. Groß ist das Angebot an

Traumstrand und urbane Kulisse auf Hamilton

Eine Region mit Spaßgarantie

wassersportlichen Aktivitäten. Insbesondere Tauchausflüge ans Outer Reef lohnen die Geldausgabe.

Aktivitäten: In den späten Stunden tobt sich die jugendliche Szene in Diskotheken und Kneipen aus. Deshalb kommen die vielen Backpackerunterkünfte erst früh am Morgen zur Ruhe.

Inseltouren: Dann ist es Zeit für **Ausflüge** oder **Inselbesuche**. Vor den Anlegestellen im 10 km entfernten Shute Harbour laufen sich die Motoren der Boote zu den **Whitsunday-Inseln** warm. Besuchenswert sind Inseln wie South Molle (Hotelzimmer: **South Molle Island Resort**, Tel. 07/ 41249943, Fax 07/ 41256833) oder Daydream Island (**Daydream Island Travelodge Resort**, Tel. 07/ 49488488, Fax 07/ 49488499), teuer ist hingegen **Hamilton Island** (Tel. 07/ 49469999, Fax 07/ 49468888). Besonders lohnend ist die Tour nach **Whitsunday-Island** (z.B. mit Azzurra Tel. 07/49467777).

TOP ZIEL Denn auf der malerischen ›Pfingsinsel‹ lockt der zauberhafte **Whitehaven Beach** Dieser ca. 6 km lange, von niederem Buschwerk gesäumte Strand gilt als einer der schönsten Badeplätze der Welt. Der puderzuckerweiße, sehr feine Silikatsand enthält so viele Quarzanteile, dass man daraus sogar hochwertiges Glas für Brillen oder Fernrohre fertigen könnte. Seinen Namen (übersetzt: ›weißer Hafen‹) bekam der Strand 1879 von seinem ›Entdecker‹ Commander E.P. Bedwell.

TIPP

Hayman Island

Zugegeben, das Hotel ist nicht gerade günstig – allein die Anreise kostet ein kleines Vermögen. Doch der Luxus, der auf Hayman Island geboten wird, ist einfach erlesen – die Zimmer sind hier ebenso vom Feinsten wie das Essen, die geführten Tauchtouren, Wellness-Anwendungen und vieles mehr. Buchung unter Hayman Island Resort, Tel. 02/92681888, Fax 02/9268189, reserve@hayman.com.au, www.hayman.com.au.

Wassersport: Einige Unternehmen vermieten Yachten oder Motorboote für romantische Törns innerhalb der Whitsunday-Inseln. Für Tagesausflüge eignet sich die ehemalige America's Cup-Segelyacht Gretel (tgl. 9.00 Uhr ab Shute Harbour nach Langford Reef, Tel. 07/49480999). Ein gutes Schulungszentrum für **Taucher** bieten Oceania Dive (Tel. 07/49467446) und Pro Dive (Tel. gebührenfrei innerh. Australiens 1800820820 oder 02/92815066).

ⓘ Whitsunday Travel Centre, 265 Shute Harbour Rd., Airlie Beach, Tel. 07/49466224, Fax 07/49466087, whitrav@whitsunday.net.au

Townsville 8

Knapp 120 000 Einwohner machen Townsville zur größten Stadt der australischen Tropen. Kaum zu glauben, dass Geisterstädte nur Tagesausflüge entfernt sind und schnelle Boottrips einsame Inselidyllen erschließen.

Sehenswert: Bruce und Flinders Highway führen mitten ins Stadtzentrum, wo die autofreie **Flinders Mall** Platz und Muße für einen ausgedehnten Einkaufsbummel lässt, die **Palmer Street** mit Restaurants und Cafés lockt und die **Castle Hill Road** auf fast 300 m hohe Fernsicht klettert. Wer die Nacht zum Tage machen möchte, kann dies im Sheraton Breakwater Casino (Sir Leslie Thiess Drive) tun. Den größten Teil des **Reef HQ** nimmt das einzigartige Aquarium ein, weltweit vielleicht das größte seiner Art. Ein durchsichtiger Acryltunnel gewährt Besuchern optimale Einsicht in die Unterwasserwelt des Great Barrier Reef: Muränen, Manta-Rochen, Haie und Schwärme bunter Fische schwimmen über die Köpfe hinweg – beinahe ein Taucherlebnis. Gut gemachte audio-visuelle Shows und anschauliche Displays beantworten alle Fragen. 2–68 Flinders St. East, Tel. 07/47500800, tgl. 9.30 – 17.00 Uhr. Der einstündige Film im angegliederten Omnimax Theatre führt die farbintensiven Schönheiten der Korallenriffe vor Augen.

Museum: Zum Komplex des Reef HQ gehört auch das naturwissenschaftliche **Museum of Tropical Queensland**, das sich schwerpunktmäßig mit ausgestorbenen Reptilien, vor allem mit Dinosauriern beschäftigt. 2–68 Flinders St. East, Tel. 07/47260600, tgl. 9.30 bis 17.00 Uhr.

Umgebung: Zum Greifen nah liegt **Magnetic Island** mit seinen ca. 3000 Koalas. James Cook nahm irrtümlich an, das Eiland hätte magnetische Wirkung. Dabei spielte nur sein Kompass verrückt.

ⓘ In Townsville gibt es zwei Besucherzentren: Flinders Mall Visitor Information Centre, Tel. 07/ 47213660, gebührenfrei Tel. 1800801902, tel@tel.com.au, Mo. – Fr. 9.00 – 17.00 Uhr, Sa., So. 9.00 – 12.00 Uhr und am Bruce Highway, 8 km südlich der Stadt: Southern Highway Visitor Information Centre, Tel. 07/47783555, gebührenfrei Tel. 1800801902, tel@tel.com.au, tgl. 9.00 – 17.00 Uhr

Townsville, gelegen zwischen Meer und karstiger Steppenlandschaft

102
63
105

Auf der Walz – im Nirgendwo

So stellt man sich Australien vor: Horizontlose Weite, tanzende Hitzeschlieren, wirbelnde Staubteufel, von der gnadenlos sengenden Sonne noch angefacht, jedes Haus, Auto, Rind, Pferd oder Schaf schon kilometerweit entfernt sichtbar. O ja, das Outback ist anders als die Küste – hier draußen, im kargen, einsamen ›Busch‹, blühen die Legenden. Etwa jene vom armen Tramp, der ein Schaf stahl und, auf der Flucht vor dem Farmer, heldenhaft in den Tod ging – von Banjo Patterson verewigt in dem Volkslied ›Waltzing Matilda‹, der zweiten, heimlichen Nationalhymne Australiens.

Eine wohl verdiente Pause beim Rodeo in Mount Isa gönnen sich diese beiden Reiter.

▲ Weite Wege im Outback

▲ Blue Heeler Pub in Kynuna

▼ Im Qantas-Museum Longreach

Tropentraum am Tafelland

Riff und Regenwald, die schroffen Berge des Atherton Tableland, reißende Wasserfälle, tropische Lagunen, Cays und lauschige Inseln – für den Reisenden aus dem Süden ist Far North Queensland ein fantastischer Höhepunkt der Entdeckungsfahrt. Der Duft der blühenden Bougainvilleen, labende lauwarme Regenschauer, üppiges Grün und samtweiche Strände sind nun die ständigen Begleiter. Zur einzigartigen Landschaft kommt der jugendlich-lässige Lifestyle der Tropenstadt Cairns – getreu dem Motto: im heißen Dschungel sind die Nächte besonders lang und cool.

Üppiger Wald, reichlich Wasser – Queenslands Feuchttropen sind ein Naturparadies.

▲ Malerische Wasserfälle im Atherton Tableland

▼ Baum mit Epiphythen

▼ Rafting auf dem Tully River

▲ Am Unterlauf des Tully River

▼ Typische Brettwurzeln

Es sind diese frühen Stunden, die Morgen-Momente, Märchen-Minuten, in denen die Natur des hohen Nordens einen Zauber entfaltet, wie man ihn den ganzen Tag nicht mehr wird erleben können. Die Sonne steht wie ein frisch entfachter Flammenball am Osthimmel, zaubert ein Funkeln in die von Tau tropfenden Bäume und Zuckerrohrfelder, so als wenn tausend Wunderkerzchen gleichzeitig erglühen.

SPECIAL

Tee aus Queensland

Kaum jemand gab Dr. Alan Maruff eine Chance, als er 1959 die ersten Tee-Setzlinge im Neradatal nordwestlich von Innisfail am Fuße der Atherton Tablelands pflanzte. Zu unfruchtbar seien die Böden, zu unbeständig das Wetter, hieß es. Doch Maruff ließ sich nicht beirren. Er wusste zu gut, dass man schon Ende des 19. Jh.s erfolgreich Tee in der Region angepflanzt, diese Miniplantagen jedoch vernachlässigt hatte. Schon die ersten Versuche mit Setzlingen verliefen dann sehr erfolgreich – und schon bald konnte der Tee mit der Hand allein nicht mehr gepflückt werden. Heute fahren Maschinen die Ernte ein; die Nerada-Plantage produziert, als einzige kommerzielle Teeplantage Australiens, über fünf Millionen Kilo Tee pro Jahr – genug für den australischen Markt, aber auch für den weltweiten Export. Im Touristenzentrum (Sunnybank Hills, tgl. 9.00–16.30 Uhr, Tel. 07/32720444) kann man sich über die Teeverarbeitung informieren – und so bekommt der Australienurlaub eine zusätzliche exotische Note.

Zwischen Bananenblättern und Palmfarnen, Bougainvilleen, die in dreister Üppigkeit wuchern wie Unkraut, und Fächerpalmen, an denen der Wind mit schlanken Fingern nestelt, schreien sich Vögel förmlich heiser – Gebirgsloris und Pennantsittiche, Gelbhaubenkakadus oder Kookaburras. Das Meer hat noch ein Laken aus Dunst übergezogen, doch künden die ersten keilförmigen, schneeweißen Wolkenbatzen am Horizont schon davon, dass auch heute der Tag in einem Inferno aus Blitz, Donner und Wolkenbruch enden wird.

▲ Überall darf gecampt werden

▼ Maardija Boardwalk bei Port Douglas

▼ Urzeit-Malereien im Quinkan-Gebiet

▲ Leuchtturm in Cooktown

▲ Piste zum Cape York

▼ Backpacker-Café am Cape Tribulation

Regen, Regen, Regen

Denn das ist das Thema hier oben in Far North Queensland, einer Gegend, die auch ›Wet Tropics‹ genannt wird – doppelt gemoppelt, als wären die Tropen allein nicht feucht genug. Ja, ›Feuchttropen‹, das passt schon. Wasserscheue mögen es also nur ungern hören, dass jene Reise, die bei Townsville noch so trocken und sonnig begann, desto mehr vom Tremolo der dicken Tropfen begleitet wird, je mehr sie in Richtung Norden führt. Denn mag das Umland von Townsville auch im steten, trockenen Windschatten der Great Diving Range liegen – in den Landstrichen zwischen Ingham und Innisfail prasselt's, als müsste der Schöpfer die Geschichte von Noah und seiner Arche noch einmal wiederholen. Seit Jahrmillionen schon ist das Wetterschema zwischen Ingham und Cooktown konstant: Der feuchte Südostpassat treibt ganzjährig Wolken an die Great Dividing Range, die dort reichlich Nass zurücklassen. Die sechsfache Regenmenge von Oberbayern, sie tränkt gewaltige Wasserfälle wie die 305 m hohen Wallaman Falls im Lumholtz-Nationalpark, sie tränkt seltenen, bis zu 50 m hohen Bergregenwald wie an der Paluma-Range oder im Tafelland von Atherton.

Ein Urzeit-Biotop

Und das ist nun die kleine Sensation der queensländischen ›Wet Tropics‹ – hier haben Urzeitflora und Lebewesen überdauern können, die es schon zu einer Zeit gab, da Australien noch gemeinsam mit Südafrika und Indien, Neuseeland und der Antarktis den Superkontinent Gondwanaland formte – und das ist immerhin über 50 Millionen Jahre her. Ein Beispiel dafür ist der Palmfarn Bowenia Spectabilis oder die Schraubenpalme, auch als Pandanus bekannt. Oder aber Peripatus, der Samtwurm, dessen Vorfahren vor rund 400 Millionen Jahren von See- zu Landbewohnern mutierten, sowie das archaische, nur 25 cm große Moschus-Rattenkänguru. Dieses bewegt sich noch wie die Vorfahren auf vier Beinen fort, baut, ähnlich wie die Possums, Schlafnester im Unterholz. Da es Aufschluss darüber geben kann, wie sich die heute bekannten Kängurufamilien entwickelt haben, ist das Moschus-Ratten-

▲ Schwebe-Erlebnis über dem Barron River

▼ Typisches Queenslander-Haus

▲ Reich verziert: der Kuranda-Aussichtszug

▼ Das Tjapukai Dance Theatre

▲ Fahrt mit der Skyrail

▼ Stolzer Ureinwohner

känguru wissenschaftlich von großer Bedeutung. Am ehesten bekommt man übrigens mit etwas Gelduld und viel Glück eine solche ›Urform‹ in Gestalt des sehr scheuen Schnabeltiers (Platypus) zu Gesicht.

Moderne Action

Ganz neuzeitlich ist hingegen das schier unerschöpfliche Actionangebot in Far North Queensland, für das sich vor allem abenteuerlustige Rucksackreisende aus aller Welt begeistern. Hinchinbrook Island beispielsweise gilt als perfektes Trekkingrevier mit vielen Campingplätzen und markierten Wegen. Ein Stückchen weiter nördlich lockt der Tully River mit reißenden Schnellen die Raftingszene an – hier können sich sogar Unerfahrene mal ins Schlauchboot setzen. Doch Vorsicht, ein wenig Wagemut gehört schon dazu; man fühlt sich alsbald mit vollgesogener Schwimmweste wie ein nasser Sack in einer Waschmaschinentrommel, wenn man, von spitzen Schreien der Mitreisenden begleitet, die Kaskaden des Tully River hinuntertanzt. Doch nun geht es Schlag auf Schlag. Ob Fallschirmspringen am Strand von Mission Beach, Strandritte, Bootstouren durch Mangrovenwälder oder mehrtägige Regenwaldwanderungen mit Übernachtung in der Hängematte im

SPECIAL

Überleben im Regenwald

Zwischen der Mossman Gorge und dem Bloomfield River im Norden lebten einst die sechs Aborigine-Stämme der Gugu Yulanji. Sie konnten jahrtausendelang in scheinbar menschenfeindlicher Umgebung überdauern – sich beispielsweise teilweise sehr giftige Pflanzen zunutze machen. So rösteten sie Baway, die giftigen Blüten und Keime des Schwarzbohnenbaums, drei Tage im Erdofen, um sie danach als Allheilmittel einzusetzen. Das Öl der Kerzennüsse wurde verwendet, um Feuer auch bei heftigem Regen in Gang zu halten. Aus den Rinden der Melaleuka-Bäume entstanden Babykörbchen, Wasserbehälter oder Dächer für Buschhütten. Selbst einen Regenwald-Jagdkalender gab es. Blühte der Schwarzbohnenbaum, konnte man den Buschtruthähnen nachstellen.

▲ Die idyllische Küste der Feuchttropen bei Cairns

▶ Bungee-Jumping

▲ Die Marina von Cairns

▲ Koala-Mutter mit Nachwuchs

▼ Auf dem Daintree River

Wooronooran National Park rund um Queenslands höchsten Berg, den Mount Bartle Frere – es gibt einfach nichts, das hier nicht in Form einer organisierten Tour für kleine Gruppen angeboten wird.

Cairns, die Tropenhauptstadt

Eine Art Kulminationspunkt ist Cairns, benannt nach dem einstigen Gouverneur von Queensland, Sir William Cairns. Viele Einwohner erinnern sich noch gut an jene Zeit zurück, da in dem Tropennest mit seinen gut 24 000 Bürgern die Uhren noch richtig gingen. Dann kamen, Ende der 1970er-Jahre, die ersten Rucksackreisenden. Bald kamen mehr, und binnen drei Jahrzehnten hat sich Cairns zur Großstadt mit über 100 000 Einwohnern entwickelt, in der die Nacht zum Tage wird. Es ist eben diese einzigartige Mixtur, die wie ein Magnet anzieht: das nahe Riff bietet Tauchern, Schnorchlern, Badefans ein tolles Revier, der ebenso nahe Bergregenwald und die donnernden Wasser der Barron Gorge lassen sich in wenigen Minuten von der wohl längsten Gondelbahn der Welt, der ›Skyrail‹, aus erkunden. In Port Douglas warten feine Restaurants und Hotels auf zahlungskräftige Kundschaft; am Daintree River lauern Salzwasserkrokodile, die sich bei nächtlichen Bootstouren mit der Taschenlampe ausfindig machen lassen. Rund um das Cape Tribulation, wo Captain Cooks ›Endeavour‹ einst auf ein Riff auflief, gibt es Reit- und Wandermöglichkeiten im Küstenregenwald. Oder man bummelt, im Hochland von Atherton, über die Flohmärkte von Kuranda oder Yungaburra, springt vom Bungee-Turm oder begleitet den Briefträger der Cape York Air ins Outback, um einmal ferne Farmen kennen zu lernen. In der Tat, für Touristen ist die Region am Fuße des Atherton Tableland ein tropischer Vergnügungstraum.

Nach Sonnenuntergang ist lange nicht Schluss; die feinen Herrschaften zocken im Casino, die anderen tanzen in den Diskotheken ab oder testen Didgeridoos in unzähligen Shops und essen sich durch die Straßenrestaurants an der Esplanade. Lebenslust pur heißt die Devise – da tut es gut, dass hier in den Feuchttropen dann und wann ein Regenguss kühlt.

Maßstab 1:4.000.000
0
60 km
Thursday Island
Prince of Wales I.
Moa I.
Warral I.
Ulul I.
Hammond I.
Wednesday I.
Horn I.
C. York
Somerset
Endeavour Str.
Slade Pt.
Injinoo
Bamaga
Turtle Head I.
Jardine River Nat. P.
Heathlands Resource Reserve
Shelburne Bay
Port Musgrave
Mapoon
Cape
C. Grenville
Bramwell
Bertiehaugh
Temple Bay
Far Northern
Gulf
of
Carpentaria
Moreton P.O.
Fair C.
Kennedy Hill
Weymouth Bay
C. Weymouth
Great Barrier Reef
Duifken Point
Andoom
Weipa
Weipa South
Batavia Downs
Albatross Bay
Thud Point
Mt. Tozer
Iron Range Nat. P.
Lockhart River
Lloyd Bay
C. Direction
Mt. Carter
Section
Merluna
Wenlock
York
Archer Bay
Aurukun
Watson Riv.
Mungkan Kandju Nat. P.
Rokeby
Merapah
C. Sidmouth
Cone Peak
McIlwraith Ra.
Archer Riv.
C. Keer-weer
Coen
Marine Park
Silver Plains
Kendall Riv.
Peninsula
Ebagoola
Princess Charlotte Bay
Flinders Group
Pipon I.
C. Melville
Cape Melville Nat. P.
Howick Group
Holroyd Riv.
Strathburn
Mt. Ryan
Marina Plains
C. Bowen
Strathgordon
Strathaven
Musgrave
Lizard I.
Lookout Pt.
Edward River
Breeza Plains O.S.
Lakefield
Starcke
C. Flattery
Starcke Nat. P.
Coleman Riv.
New Dixie
Lakefield Nat. P.
Kalinga
Battle Camp
Aborig. Rock Art
C.Bedford
Peninsular Devel. Road
Hope Vale
Kowanyama
Mitchell-Alice Rivers Nat. P.
Oroners O.S.
James Cook Monument
Cooktown
Fairview
Laura
Mitchell Riv.
Alice Riv.
Kimba
Rutland Plains
Aboriginal Rock Art
Quinkan Nature Reserve
Rossville
Nassau Riv.
King Junction
Lakeland Downs
Mt.Finnigan
Bloomfield River
Cairns
Koolatah
Strathleven
Palmerville P.O.
Maytown
Palmer Riv.
C.Tribulation Nat.P.
Dunbar
Drumduff
Daintree
Alexandra Bay
Inkerman
Mount Mulgrave
Woods Peak
Daintree Nat.P.
Wet Tropics
Wellesley Islands
Galbraith
Highbury
Mossman
Port Douglas
Mornington I.
C.Van Diemen
(Big-Game Fishing)
Staaten Riv.
Staaten River Nat. P.
Bellevue
Gununa
Macaroni
Wrotham Park
Palm Cove
(Marlin Coast)
Yorkeys Knob
Denham I.
Forsyth I.
Bountiful Is.
Mount Molloy
Hann Tableland Nat. P.
Scenic Railway
Kuranda
Biboohra
Mount Mulligan
Cairns
Green I.
Fitzroy I.
Bentinck I.
Sweers I.
Point Austin
Delta Downs
Bulimba
Mareeba
Gordonvale
Allen I.
South Wellesley Is.
Vanrook
Blackdown
Chillagoe
Dimbulah
Stirling
Red Riv.
Atherton
of Queensland
Miranda Downs
Tate Riv.
Almaden
Herberton
Malanda
Bellenden Ker
Babinda
Karumba
Torwood
Millaa Millaa
Bartle Frere
Eubenangee Swamp
Maggieville
Abingdon Downs
Bulleringa Nat.P.
Innisfail
Escott
Burketown
Normanton
Minnies O.S.
Mount Garnet
Ravenshoe
Johnstone South
Gulflander (Hist. Railway)
Silkwood
Nicholson Riv.
Mangowra
Strathmore
Barwidgi
Tableland
Koombooloomba
El Arish
Armraynald
Glenore
Blackbull
Dagworth
Gunnawarra
Mission Beach
Dunk I.
Inverleigh
East Haydon
Huonfels
Tully
Bedarra I.
Brinawa
Wernadinga
Milgarra
Croydon
Gilbert River
Talaroo
Meadowbank
Kennedy Nat. P.
Rockingham Bay
Goold I.
Belmore Cr.
Mount Surprise
Kennedy
Cardwell
C.Sandwich
Floraville
Macalister
Gulf Devel. Road
Forest Home
Georgetown
Undara Volcanic Nat. P.
Herbert River Falls
Hinchinbrook I.
Planet Downs
Augustus Downs
Warren Vale
Old Coralie (Ruins)
Forsayth
Einasleigh
Kinrara
Lumholtz Nat.
Abergowrie
Yappar Riv.
Claraville
Spring Creek
Hill
Talawanta
Burke Devel Road
Mittagong
Malacura
Oak Hills
Halifax
Palm Is.
Gregory Downs
Cowan Downs
Gregory Range
Esmeralda
Conjuboy
Ingham
Glenora
Camel Creek
Toobanna
Great P.
Prospect
Kidston
Bambaroo
Fossils
Iffley
South Head
Bairds Table Mtn.
The Lynd Junction
Halifax Bay
Lorraine
Hidden Valley
Mutarnee
Crystal Creek Nat. P.
Toomula
Greenvale
Myola
Nara
Gilberton
Lyndhurst
Clarke River P.O.
Mt.Halifax
Bluewater
Kamileroi
Burke and Wills Roadhouse
Savannah Downs
Victoria Vale
Mt.Lookout
Pandanus
TOWNSVILLE
Canoble
Pelham
Perrivale
Mt.Oweenee
Boomarra
Arizona
Black Braes
Stopem Blockem Ra.
Clarke Riv.
Eumara Springs
Gunpowder
Alsace
Mining Area (Iron Ore)
Numil Downs
Malpas Hut
Craigie
Maryvale
Woodstock
Alcala
Gregory Springs
Dotswood
Dobbyn
Kalmeta
Millungera
Middle Park
Nulla Nulla
Etta Plains
Saxby Downs
Reedy Springs
Fanning River
Kajabbi
Etheldale
Kennedy Devel. R.
Calton Hills
Mt. Remarkable
Clonagh
Dalgonally
Bunda Bunda
Mt.Dick
Great Basalt Wall Nat. P.
Mt.Stewart
Powlathanga
Barkly Hwy.
Manfred Downs
Charters Towers
Ravensw
Mining Area (Silver Uranium)
Quamby
Runnymede
Burleigh
Lolworth
Lolworth Ra.
Flinders Riv.
Doncaster
Porcupine Gorge Nat. Park
Homestead
Ford
Constantine
Julia Creek
White Mountains Nat. Park
Pentland
Gregory Devel. R.
Hilton
Mining Area (Silver Uranium)
Nelia
Maxwelton
Harvest Home
Mount Isa
Cloncurry
Oorindi
Gilliat
Richmond
Hughenden
Prairie
Torrens Creek
Campaspe
Mary Kathleen
Yorkshire Downs
Flinders Hwy
Flinders Riv.
Marathon
Cape Riv.
Mt.Norna
Edith Downs
Longton
Dandenong Park
Malbon

Infos

Koalas sind geschickte Kletterer

Ingham ①

In der regenreichen ›Zuckerhauptstadt Australiens‹ werden jährlich mehr als 3 Mio. Tonnen Rohrzucker gewonnen. Um 1870 ließ William Bairstow Ingham die ersten Zuckerrohrpflanzungen anlegen. Um 1890 zogen zahlreiche Italiener nach Ingham, um sich als Erntehelfer zu verdingen. Dies erklärt, dass es im Ort einige Gelaterien und Pizzerien gibt, die das Prädikat ›original italienisch‹ tatsächlich verdienen. Noch immer leben die meisten Einwohner von der Zuckerproduktion und vom Tourismus.

Umgebung: Ein Erlebnis sind die 305 m hohen **Wallaman Falls** im Lumholtz-Nationalpark 52 km westlich von Ingahm besonders zwischen November und März, während der Regenzeit. Die Fälle gehören zu den größten ganz Australiens. Der Weg ist gut ausgeschildert, die letzten 2 km muss man zu Fuß zurücklegen. Im regenwaldreichen **Mount Spec/Paluma National Park** kann man vom Clelland's Lookout aus einen tollen Blick genießen. Ein guter Schwimmspot ist der Little Crystal Creek.

ⓘ Tourist Information/Hinchinbrook Visitors Centre, Lannercost Street (Ecke Townsville Road), Tel. 07/47 765211, Fax 07/47763039, tgl. 8.00–17.00 Uhr

Cardwell ②

Die Kleinstadt, Mitte des 19. Jh.s der einzige Hafen zwischen Bowen im Süden und Cape York im Norden, ist vor allem das Tor zur ›Wanderinsel‹ Hinchinbrook Island.

Aktivitäten: Schon vom Festland aus sind die drei dominierenden Berge der Insel, Mt. Bowen, Mt. Diamantina und Mt. Straloch, alle über 1000 m hoch, zu sehen. Berühmt ist **Hinchinbrook Island** vor allem für seinen Reichtum an Mangrovenarten. Beliebt ist die Wanderung auf dem 30 km langen East Coast Trail, für die man mindestens zwei Tage rechnen sollte. Es gibt jedoch auch Tagestouren zur Insel. Fähren zur Insel fahren tgl. 9.00 Uhr ab Port Cardwell.

TIPP

Im Baumhaus wohnen

Ganz neue Regenwald-Perspektiven eröffnen sich beim Blick aus einem Baumhaus. Wer in der Hinchinbrook Island Lodge nächtigt, kann, auf Stelzen wohnend, sich den Wald von oben anschauen – statt unter den dunklen Baumkronen zu sitzen. Für die originelle Chaletgestaltung gab es bereits mehrfach Tourismuspreise. Hinchinbrook Island Resort, Cardwell, Tel. 07/40668585, Fax 07/40668742, info@hinchinbrookresort.com.au.

Mission Beach ③

Schöne Strände, der nahe Regenwald und die vorgelagerte Dunk Island machen die nach einer Missionarsstation benannte Kleinstadt zu einem Relax- und Ferienzentrum.

Allgemeines und Geschichte: 1872 zogen die ersten freien Siedler nach Mission Beach, unter anderem die deutschstämmige Familie Scheu, die bald ein florierendes Zedernholz-Sägewerk betrieb. 1914 wurde südlich von Clump Point ein Missionarscamp eröffnet. Ziel der Regierung war es, die Ureinwohner aus dem Umland der kleinen, blühenden Siedlung zum christlichen Glauben zu bekehren. Die Station sowie große Teile der ursprünglichen Siedlung wurden 1918 durch einen Wirbelsturm zerstört. Nur Reste der Station sind noch am Mission Drive in South Mission Beach zu besichtigen. Heute leben die 700 Einwohner vor allem vom Tourismus.

Aktivitäten: Der nahe Tiefland-Regenwald bietet sich für geführte **Wanderungen** an, etwa mit den Girraway-Ureinwohnern (Tel. 07/40687877), die z.B. auch in der Kunst des Speerwerfens unterrichten. **Rafting** oder **Kayaktrips** unternimmt Reef'n Rainforest, Tel. 07/40517777. Daneben gibt es **Tauchangebote**, **Fallschirmspringen** oder Tagestouren nach **Dunk Island**, wo man Ausschau halten kann nach den prächtigen blauen Dunk-Island-Faltern. An schönen Stränden wie Wongaling Beach frönt man allerlei Wassersportfreuden, sofern das Wasser freigegeben ist.

Unterkünfte: **Bingil Bay Resort**: Eine hübsche Bleibe, guter, aufmerksamer Service. The Esplanade Bingil Bay, Tel. 07/40687208, Fax: 40687226, €€.

The Wongalinga Apartments: Tolle Lage am Strand. 64 Reid Rd, Wongaling Beach, Tel. 07/40688221, Fax 40688180, €€.

Restaurants: Gut essen kann man bei **Blarney-'s by the Beach**, Mission Dve., Tel. 07/40688472 (tgl. Lunch und Dinner) und **On the Bite Seafood Restaurant**, Porters Prom, Tel. 07/40687167 (tgl. Lunch und Dinner).

ⓘ Mission Beach Information Centre, Porters Prom, Tel. 07/40687099, tgl. 9.00–17.00 Uhr, Mission Beach Tourism & Regional Development Authority, Lot 7, Cassowary Dve, Tel. 07/40688559, Mo.–Fr. 9.00–17.00 Uhr

SPECIAL

Kasuare kreuzen!

In der Ortsmitte von Mission Beach findet sich ein ›Denkmal‹ der besonderen Art – ein überlebensgroßer Helmkasuar. Die Gegend trägt auch nicht zu Unrecht den Beinamen ›Cassowary Coast‹. Denn hier, im Küstenregenwald rund um Mission Beach, leben noch besonders viele der bis zu 1,80 m großen, flugunfähigen Straußenvögel, die bereits auf der Liste der bedrohten Tierarten stehen. Nach dem Emu ist der Helmkasuar, erkennbar an dem typischen blauen Hals, der größte Laufvogel Australiens. Die Regenwald-Ureinwohner messen ihm große religiöse Bedeutung zu. Bedroht wird er insbesondere durch den Straßenverkehr, weswegen am Rand des Highways Tafeln warnen: ›Cassowarys Crossing‹ – Vorsicht, Kasuare kreuzen.

Innisfail ④

Fischereiwirtschaft, Obst- und Gemüseanbau und natürlich die Zuckerproduktion halten den Wohlstand der 8000 Einwohner aufrecht. Die Entstehung der Stadt geht auf ein Unglück im Jahre 1873 zurück, den Schiffbruch des Schoners Maria. Damals entstandte die queensländische Regierung eine Kommission, die ihr Camp am Nind's Point aufschlug. Schon bald erkannte man, dass die Gegend ideal für den Zuckerrohranbau war. 1881 ratterte die erste Mühle, vor allem chinesische Einwanderer verdingten sich auf den Feldern als Erntehelfer. Ende der 1950er-Jahre kam die Nerada-Teeplantage als Arbeitgeber hinzu.

Museum: Nicht nur für einen verregneten Tag bietet sich ein Besuch im **Australian Sugar Industry Museum** an. Zu sehen sind z.B. alte Lokomotiven der Zuckerrohr-Bahnen, eine

Allabendlich geht es im Casino von Cairns rund – dann rollen die Roulettekugeln

SPECIAL

Bauen am Bollwerk

Wenn gegen Oktober dichtes Schneegestöber unter Wasser einsetzt, wird am Great Barrier Reef weiter gebaut. Milliarden von Eizellen werden dabei ausgestoßen, die sich als graubraune Masse an der Meeresoberfläche absetzt. Die wenigsten werden sich allerdings zu Larven weiterentwickeln und langsam auf den Grund sinken. Dennoch wächst das Great Barrier Reef ständig – das größte Bauwerk der Erde, das Lebewesen jemals errichtet haben. Über 2300 km erstreckt sich das Riff vor der Küste Queenslands, von der Küstenstadt Gladstone im Süden bis hin nach Papua Neuguinea im Nordwesten. Baumeister sind die winzigen Korallenpolypen – sie bilden harte Kalkskelette, die dem Riff als Baustoff dienen, sobald das wirbellose Korallentier abgestorben ist. So entstanden im Laufe von Jahrtausenden mächtige, felsähnliche Korallenstöcke. Der größte Feind der Korallen ist die Dornenkrone, eine gefräßige Seesternart, die ganze Einzelriffe in kürzester Zeit großflächig abweidet – bis zu 450 cm^2 an einem einzigen Tag.

Filmschau über die Zuckerindustrie, Schautafeln über die Zuckerherstellung u.v.m. (Bruce Highway & Peregrine Street, Mourilyan, Tel. 07/40632656, Mo. – Sa. 9.00 bis 17.00, So. 9.00 – 15.00 Uhr).

CAIRNS 5

Der Tourismus hat die Hauptstadt des tropischen Far North zur pulsierenden Metropole wachsen lassen. Cairns ist ebenso idealer Ausgangspunkt für Boottrips zum Great Barrier Reef wie für abenteuerliche Ausflüge bis hoch zur Nordspitze am Cape York. Wer in der Nähe bleibt, findet bald attraktive Badestrände, umgeben von geheimnisvollem Regenwald-Dickicht. Cairns Anfänge waren bescheiden: ein Koffer, der an einer Zeltstange hing – das war das ›Post Office‹, das erste Gebäude der späteren Großstadt. Am 6. Oktober 1876 war die Poststelle von Abgesandten der queensländischen Regierung zusammengezimmert worden. Sie hatten einen Hafen für die Goldsucher vom Hodgkinson River aufspüren sollen – und waren an der Trinity Bay fündig geworden. Rasant entwickelte sich eine – allerdings zwielichtige – Ansiedlung, die schon 1885 Stadtrechte bekommen sollte und aus Opiumhöhlen, Bordellen und Kneipen bestand. 1891 wurde Cairns zur Endstation der Bahnlinie von fernen Brisbane erklärt – ein enormer Standortvorteil gegenüber der kleineren, rivalisierenden Gemeinde Port Douglas im Norden.

Sehenswert: Die **Flecker Botanic Gardens** geben mit über 100 Pflanzenarten schon mal einen Eindruck davon, wie vielfältig die Feuchttropen sind (Collins Avenue, Mo.–Fr. 7.30–17.30, Sa. und So. 8.30–17.30 Uhr). Die Station des **Royal Flying Doctor Service** ist eine von insgesamt 13 in ganz Australien, besitzt aber zusätzlich ein hervorragend ausgestattetes Informationszentrum (1 Junction St., tgl. 9.00 – 16.30 Uhr, Führungen jede halbe Stunde).

Museum: The Cairns Museum, untergebracht im hübschen School of Arts Building aus dem Jahre 1907, zeigt sehenswerte historische Dokumente über die Region, aber auch ungewöhnliche Sammelstücke wie einen pedalgetriebenen Zahnarztstuhl (Cnr Lake & Shields St., Tel. 07/40515582, Mo. – Sa. 10.00 – 16.00 Uhr).

Aktivitäten: In und um Cairns hat man die Qual der Wahl. Da gibt es ausgefallene Trips wie Flüge und Loopings mit der ›Tiger Moth‹, einem Doppeldecker aus dem Jahre 1932, Bungee-Jumping, rasende Jetboat-Touren, Parasailing und Fallschirmspringen, Felsklettern und Abseiling (Felsspringen am Seil). Touren ans Riff gibt es in allen Variationen, etwa ab Port Douglas mit den Kreuzern der Quicksilver in sehr großen Gruppen oder aber mit kleineren Segelbooten fast privat, mit Profi-Tauchern, Tauch-Anfängern oder auch nur Schnorchlern. Man kann mit den Flugzeugen der Reefwatch (Tel. 07/47727491), die mit speziellen Beobachtungsfenstern ausgestattet sind, oder auch mit Helikoptern verschiedener Anbieter über die Korallenbänke fliegen.

Unterkünfte: Bay Village Tropical Retreat: Ein hübsches Hotel unter österreichischer Leitung. Lake Street/Gatton Street, Tel. 07/40514057, Fax 07/40514622, €€€.

Trinity on the Esplanade: Eine Nachbildung des ›Raffles‹, gelegen am tropischen Trinity Beach. 21 Vasey Esplanade, Trinity Beach, Tel. 07/40576850, Fax 07/40578099, stay@trinityesplanade.com, €€€.

Restaurants: Café China: Meisterköche aus Hongkong haben dem Café einen mittlerweile sehr guten Ruf erkocht. Rydges Plaza Complex, Corner of Spence and Grafton Streets, Tel. 07/40412828, tgl. Lunch.

Fishlips Bar & Grill: Der Hotspot für Freunde guter Fischküche ist in einem blauen Art-Deco-Gebäude untergebracht. 228 Sheridan Street, Tel. 07/40411700, tgl. Lunch und Dinner.

Red Ochre Grill: Ist ein Evergreen. Rezepte und Zutaten der Aborigines machen den Reiz der Speisenkarte in diesem ungewöhnlichen Restaurant aus. 43 Shields St., Tel. 07/40510100, Mo. – Fr. Lunch, tgl. Dinner.

Umgebung: 14 km nördlich von Cairns verkehrt die spektakuläre **Skyrail** zum bunten Bergstädtchen Kuranda. Die 7,5 km lange Fahrt lässt atemberaubende Ausblicke und zwei Zwischenstopps zu. Zurück kann man mit der historischen **Kuranda Railway** fahren (Caravonica Lakes Station, Ecke Kamerunga Rd./Cook Hwy, tgl. 10.00 – 16.30 Uhr ca. alle 15 Min., Tel. 07/40381555, www.skyrail.com.au). In **Kuranda** gibt es ein Butterfly Sanctuary mit über 2000 Schmetterlingen (8 Rob Veivers Drive, tgl. 9.00 – 16.00 Uhr) und die recht touristischen Kuranda Markets zu sehen. Auf unterhaltsame Art werden Besucher im **Tjapukai Aboriginal Cultural Park** in Smithfield etwa zwei Stunden lang ver-

traut gemacht mit Kultur und Geschichte der im Regenwald beheimateten Aborigines-Stämme. Bumerang-Werfen und Didgeridoo-Klänge sind ebenso Elemente der insgesamt sechs Vorführungen wie Tanzdarbietungen und Legenden aus der ›Traumzeit‹ (neben der Skyrail-Talstation, Buchungen: Tel. 07/40 42 99 00, www.tjapukai.com.au).

Im Norden von Cairns steigt der Kennedy Highway bald auf 900 m Höhe an, erreicht **Mareeba** und **Atherton** in den gleichnamigen, landschaftlich höchst reizvollen **Atherton Tableland** mit zahlreichen Badeseen und Wasserfällen wie Milla Milla oder Mungalli Falls und schließlich den Palmerston Highway, der zurück nach Cairns führt. Das idyllische Dorf **Yungaburra** haben die Aborigines nicht ohne Grund so bezeichnet (übersetzt: Feigenbaum). Denn mitten im Regenwald behauptet sich ein monströser Curtain Fig Tree (Würgefeige), dessen Luftwurzeln in dichten Reihen, wie Vorhänge (curtains), von den ausladenden Ästen fallen. Jeden vierten So. im Monat findet im Ort ein origineller Markt statt.

Ein Didgeridoo-Künstler des Tjapukai Theatre

Ein typischer Rainforest Boardwalk

ⓘ Far North Promotion Bureau, 51 The Esplanade (gegenüber Pier Market Place), Tel. 07/40 51 35 88, Fax 07/40 51 01 27, www.destinationqueensland.com, tgl. 9.30 bis 17.30 Uhr

Port Douglas 6

Der Tourismus hat das einstige bescheidene Fischerdorf in wenigen Jahren zu einem mondänen Badeort anwachsen lassen.

Sehenswertes: Luxuriöse Hotelanlagen, ein gepflegter Golfplatz und noble Appartementhäuser säumen die vom Captain Cook Highway abzweigende Zufahrtsstraße. Im Zentrum um die **Macrossan Street** drängen sich schicke Boutiquen, elegante Restaurants und Straßencafés zum Sehen und Gesehenwerden. Am schmucken **Yachthafen** mit dem attraktiven Shopping Centre Marina Mirage starten morgens die Ausflüge zum Great Barrier Reef.

TOP ZIEL Mit einem Pkw kann man von hier aus auch gut den **Cape Tribulation National Park** erreichen. Der Tagesausflug führt in das größte zusammenhängende Küstenregenwaldgebiet ganz Australiens, das dank seines Artenreichtums von der UNESCO des Status des Welt-Naturerbes erhielt. Die Strecke ist bis zum Cape Tribulation asphaltiert.

Interessant ist der **Maardja Boardwalk**, ein Regenwald-Lehrpfad (Eingang gleich neben der Straße am Nordufer von Noahs Creek) und das Rainforest Information Centre (9 km nördlich des Daintree River, tgl. 9.00 – 17.00 Uhr).

Unterkunft: Sheraton Mirage: Ein Luxus-Hotel mit traumhafter Poolanlage. Davidson St., Tel. 07/40 99 58 88, Fax 07/40 98 58 85, €€€.

Restaurant: Nautilus: Es ist die Topadresse für Schlemmer und Schleckermäuler seit vielen Jahren. 17 Murphy St., Tel. 07/40 99 53 30, tgl. Dinner.

ⓘ Tourist Information Centre, 23 Macrossan St., Tel. 07/40 99 55 99, Fax 07/40 99 50 70, tgl. 7.00–19.00 Uhr

Cooktown 7

Dass James Cook hier im Jahre 1770 seine auf einem Riff leckgeschlagene ›Endeavour‹ flickte, verleiht der Küstenstadt ganz besonderen historischen Wert.

Sehenswertes: Ein **Gedenkstein** am Ufer des Endeavour River markiert die Stelle, an der das Schiff vertäut war. Daneben eine Statue, wo Cook den ersten Fuß an Land gesetzt haben soll. Von der anschließenden kurzen Glanzzeit als wohlhabende Hafenmetropole dank üppiger Goldfunde am Palmer River zeugen noch einige stattliche **Bauten** im Zentrum sowie vielsagende, wenn auch halbverwitterte, Grabinschriften auf dem **Friedhof** (McIvor River Rd.). Einen sehr guten, aber meist sturmgepeitschten Überblick gewährt **Grassy Hill** (ausgeschildert in Cooktown). Beim Abstieg bietet sich Gelegenheit, etwa 3 km über Cherry Bay in den Schatten spendenden **Botanic Garden** zu wandern.

Museum: Unter dem spitzgiebeligen Dach der ehemaligen Klosterschule haben sich im **James Cook Historical Museum** allerhand historische Schätze angesammelt, u. a. auch Anker und Kanone von Cooks Endeavour (Helen St., tgl. 9.30 – 16.00 Uhr).

Cape York Peninsula 8

Wild und abenteuerlich gebärdet sich die Halbinsel, deren Spitze auf der Landkarte aufrecht nach Norden ragt. Durchreisende erleben eine Landschaft der Kontraste: dichter Regenwald und spärliches Buschland, ausgetrocknete Flussbetten und tosende Wasserfälle, staubige Pisten und weiche Sandstrände. Nur etwa 10 000 Menschen leben weit verstreut auf einer Fläche, die beinahe so groß ist wie die britischen Inseln.

Touren: Der sicherste Weg durch die einsame, unzugängliche Wildnis sind geführte Touren mit geländegängigen Fahrzeugen (ca. 7 bis 10 Tage).

Hotel Sheraton Mirage in Port Douglas

Sehenswert: TOP ZIEL Ein aufregender Höhepunkt einer Cape York-Tour sind die berühmten **Aborigine-Malereien des ›Quinkan Country‹** nahe Laura. Bis zu 32 000 Jahre alt und dennoch gut erhalten sind die ockerfarbenen Bildnisse der kleinen ›Quinkan‹-Geister. 1959 entdeckte Percy Trezise die schätzungsweise mehr als 1000 Malereien während einer Buschexkursion rein zufällig.

Unterkunft: Übernachten kann man im **Jowalbinna Bush Camp**. Maytown Track, Laura, Tel. 07/40 51 47 77, Fax 07/40 51 48 88.

Wenn der Fels in Flammen steht

Ja, der Vergleich stimmt, das Outback rund um die Wüstenstadt Alice Springs, es ist eine steingewordene Sinfonie in Rot. Wenn das Sonnenlicht wie ein ermattendes Kaminfeuer erlöscht, dann brennen die Berge der Macdonnells förmlich, dann steht Uluru, der geheimnisvolle große Fels, in Flammen und auch die Kata-Tjuta-Felskuppeln leuchten in sattem Karmin. Wenn dann die ersten Lagerfeuer knistern, von irgendwoher der Sound einer Didgeridoo klingt und sich ein unendliches Sternenzelt entfaltet – spätestens dann hat man das naturgewaltige Red Centre ins Herz geschlossen.

Uluru oder Ayers Rock: am eindrucksvollsten im roten Morgen- oder Abendlicht

▲ *Der Uluru in voller Pracht*

▼ *Am Valley of the Winds*

▲ *Das Yulara-Resort*

▼ Regenwasser hat seine Spuren am Fels hinterlassen

Hin und her wurde der Knödel geschoben, geknetet wie ein Pizzateig, gestürzt wie ein großer Schokoladenpudding, geraspelt wie eine Muskatnuss, wieder gequetscht, wieder gehoben, wieder zusammengedrückt und wieder gedehnt. Wäre man vor 600 Millionen Jahren dabei gewesen und hätte miterlebt, auf welch dramatische Weise ein Monolith entstand, den später einmal alle zunächst Uluru, dann Ayers Rock und dann wieder Uluru nennen und auf Fotos, Filme, Videos bannen sollten – man hätte sich staunend und schweigend aufs hinterste Bänkchen von Mutter Naturs Großküche gesetzt und hätte vor Ehrfurcht nicht einen Laut der Bewunderung über das geglückte Produkt verlieren können.

Natürlich, die Zutaten sind bekannt und auch die geologische Zubereitungsweise: Quarz-Sandstein und Feldspat wurden von Flüssen in einer Senke abgelagert und dort durch die sich hebende und senkende umliegende Peterman-Range zunächst zum festen Arkose-Klumpen verformt und alsbald von weiterem Geröll überlagert. Der Knödel drehte sich dann aber dank weiterer Erdbewegungen unterirdisch weiter, von der Waagerechten um fast 90 Grad in eine nahezu senkrechte Lage. Dann trat eben jene besagte Muskatreibe in Aktion: Fröste und Hitze sprengten weicheres Gestein um den Klumpen ab, die damals noch häufigen unwetterartigen Regenfälle trugen den Schutt davon. An dem übrig gebliebenen harten Inselberg, der nun entstanden war, rieben die erodierenden Kräfte zwar auch – es entstanden jedoch lediglich Löcher und Höhlen.

Der Zauber der Natur

Wie gesagt, alles in Geologiebüchern nachzulesen. Doch hat sich die Natur hier draußen, im Red Centre, dem Roten Herzen Australiens, als Magier erwiesen und die Wunder gleich mehrfach hingezaubert. Natürlich, die seltsam anmutenden Geistereukalypten, die mit ihren schneeweißen Rinden am vor Hitze flirrenden Horizont oft leuchten wie eine hoffnungsfrohe Fata Morgana. Und auch ein verwittertes Gebirge, das bis zu 1500 m emporragt, die Macdonnell Ranges. Doch die Rede ist vor allem von ›den‹ Wundern, die ›man‹ hier

▲ *Aborigines mit Festbemalung*

▲ *Auch die Wüste blüht*

▼ *Wallaby im Abendlicht*

▲ Die Devils Marbles im Licht der untergehenden Sonne

▼ Aborigine-Künstler

sehen muss. Wie rote Zylinder stülpen sich die Kata Tjua dem blauen Himmel entgegen, übersetzt aus dem Dialekt der Anangu-Aborigines ›viele Köpfe‹. Entstanden sind sie, wie Uluru, aus Arkose-Stein, geformt wurden sie durch Erosion. Um den früheren Namen ›The Olgas‹ gab es übrigens einst Streit: Stand nun die Tochter des russischen Zaren Nikolas I., Prinzessin Olga, Pate oder eine wissenschaftlich interessierte Königin Olga aus Spanien? Fest steht nur, dass Uluru einst Ayers Rock hieß, dem einstigen südaustralischen Gouverneur Sir Henry Ayers zu Ehren.

Werke der Erosion

Dem Riesenmaul eines gähnenden Nilpferds gleich klafft etwa die Watarrka-Schlucht, in früheren Zeiten auch Kings Canyon genannt. Als habe jemand mit einem feinen Tortenmesser schnurgerade ein ordentliches Stück aus dem Fels herausgeschnitten, so sorgfältig hobelten Wind und Wetter den Fels zurecht. Bis zu 270 m stürzen die Wände in die Tiefe. Der Standley Chasm am Namatjira Drive westlich von Alice Springs läuft gar so spitz zu, dass die Sonne die Schlucht nur wenige Minuten erhellt, und das genau mit Sonnenhöchststand um 12.00 Uhr. Und im Palm Valley haben Wind und Wetter eine derart geschützte Oase geschaffen, dass dort die schlanken, urzeitlichen Livistonia-Palmen überleben konnten.

Erosion, die Kraft von Frösten, Hitze, Wind und Sandabrieb und Regenfluten, ist auch bei den anderen bizarren Schluchten der Macdonnell Ranges – die übrigens zu den ältesten Landschaften der Welt gehören – das große Thema. Und selbst die ›Murmeln des Teufels‹, die teilweise kugelrund geformten Devils Marbles nördlich von Alice Springs verdanken ihr Aussehen der Tatsache, dass erosive Kräfte weiche Gesteinsteile heraussprengen und nur der harte Granit widerstehen kann.

Und dann wäre da noch diese Stadt mit dem hübschen Namen: Alice Springs – so etwas wie ›Kult‹ unter Australiern, ›The Alice‹ genannt, seit Neville Shute dem verschlafenen Nest ein Denkmal gesetzt hat in dem großen Outback-Roman ›A town like Alice‹, der zudem erfolgreich verfilmt wurde. ›The Alice‹ hat es faustdick hinter den

▲ Bequeme Anreise: mit dem Wüstenzug Ghan nach Alice Springs

▼ Rast am Watarrka

▼ Das Logo des legendären Ghan

▼ Es ist angerichtet!

▲ Blick auf Alice Springs ▼ Einer der letzten Kameltreiber

Ohren: Hier treffen verschrobene Kameltreiber, raubeinige Gleisarbeiter, feinsinnige Aborigine-Maler, schrullige Lebenskünstler aus Sydney und japanische Bustouristen aufeinander.

SPECIAL

Kamele im Red Centre

Nach Schätzungen gibt es weit über 100 000 wilde Kamele in Australien – das ist mehr als auf der gesamten arabischen Halbinsel. Vor allem im Red Centre sind wilde Kamele weit verbreitet; in Alice Springs gibt es zudem kommerzielle Kamelfarmen, die Ausritte anbieten. Das erste Kamel ist 1840 von den Kanarischen Inseln nach Australien eingeführt worden. Die nächste größere Gruppe von 24 Kamelen wurde 1860 für die Inlandsexpedition von Robert O'Hara Burke und William John Wills importiert, die jedoch scheitern sollte. Die in Australien geborenen Arbeitskamele waren weitaus leistungsfähiger als die importierten Tiere – aber oft auch teurer, so dass bis 1907 wegen der hohen Nachfrage nach billigen Dromedaren und Kamelen rund 12 000 Höckertiere vor allem aus Pakistan eingeführt wurden. Sie dienten den vielen Pionieren beim Vorstoß ins trockene Landesinnere als Zug- und Reittier. Derlei Kamelteams, bestehend aus 70 Kamelen und vier zumeist afghanischen Treibern, legten täglich bis zu 50 km im Outback zurück.

Und so ist es kein Wunder, dass hier die Uhren anders ticken als in Sydney. Mag dort eine Landwirtschaftsschau ein Gähnen unter den Snobs hervorrufen – in Alice Springs ist die Schau im Juli alljährlich ›das‹ Ereignis, bei dem sich selbst raubautzige Farmer – mühsam zwar, aber dennoch – eine Krawatte anlegen. Und gleich einen Monat später geht es beim Alice Springs Rodeo wirklich heiß her, so heiß, dass auch der Rest des Landes zumindest übers Fernsehen davon erfährt. Ja, und in ›The Alice‹, da ist die friedliche Koexistenz von Aborigines und Weißen schon derart Realität, dass Touristen aus aller Herren Länder sogar mit dem Aborigine-Briefträger der Aborigine-Fluglinie ›Ngaurratjuta Air‹ hinaus in jene Communities fliegen dürfen, die anderswo strikt ›off limits‹ sind.

Maßstab 1:4.000.000
0
60 km
Northern Territory
Tanami Desert
Semi Desert
Barkly Tableland
Macdonnell Ranges
James Ranges
The Channel Country
Simpson Desert
Tennant Creek
Alice Springs
Mount Isa
Cloncurry
Camooweal
Three Ways Roadhouse
Barkly Homestead Roadhouse
Devils Marbles Conservation Reserve
Wauchope
Yulara
Uluru-Kata Tjuta Nat. P.
Kata-Tjuta
Uluru
Mt. Olga
Ayers Rock
Kings Canyon
Watarrka Nat. P.
Carmichael Crag
George Gill Ra.
Hermannsburg
Glen Helen
Finke Gorge Nat. Park
Henbury Meteorite Craters
Erldunda
Kulgera
Tanami Road
Barkly Hwy.
Stuart Hwy.
Plenty Hwy.
Sandover Hwy.
Lasseter Hwy.
The Old Ghan Route (Hist.)
Colson Track
Fossils
92
78
1
2
3
4
5

Infos

Schweißtreibendes Vergnügen: per Rad durch das Rote Herz

Alice Springs ①

Untrüglicher Wildwestcharme prägt diese liebenswerte 26 000-Einwohner-Stadt – der Mythos vom romantischen Leben im rauen, abenteuerlichen Outback des Territory, hier wird er wahr. Wenn die sinkende Sonne die Macdonnell Ranges in ihr rotes Licht taucht und die ersten Feuer im staubigen Bett des Todd River auflodern, fühlt man sich sogleich an Neville Shutes Roman ›A Town Like Alice‹ erinnert.

Allgemeines und Geschichte: Die eigentliche Stadt entstand aus dem Örtchen Stuart, das um 1872 einige Kilometer südlich des heutigen Alice Springs gegründet worden war. Alice Springs war viele Jahre eine der wichtigsten Stationen entlang der großen Telegrafenlinie von Adelaide nach Darwin, ehe Gold- und Ölfunde sowie die ersten Rinderzüchter zumindest ein wenig Reichtum und neue Einwohner in die Region brachten. Alice Springs trägt seit 1933 übrigens den Namen einer Frau: Alice Todd. Sie war die Gatting des damaligen Postbeauftragten der Kolonie South Australia, Sir Charles Heavitree Todd, der die Telegrafenstation Stuart 1872 hatte errichten lassen. 1950 brachte Neville Shutes Roman ›A Town Like Alice‹ der Stadt einen ungeahnten Boom. Die Hommage an die wagemutigen Farmer und Pioniere des Outback, machte die damals schläfrige 4000- Einwohner-Stadt auf einen Schlag in ganz Australien berühmt. Insbesondere als das Werk verfilmt wurde, war ›The Alice‹ plötzlich in aller Munde. Eine Stadt inmitten des Nichts, voll wagemutiger und manchmal auch verschrobener Hinterländler – die weckte die Neugier der urbanen Küstenbewohner. Viele kamen, sahen und blieben – die Einwohnerzahl von Alice Springs hat sich seit damals verfünffacht. Der Stadt steht nun ein neuer Boom bevor, da die Bahnlinie von Alice Springs nach Darwin seit Anfang 2004 fertig gestellt ist und damit eine durchgehende Bahnverbindung von Adelaide im Süden nach Darwin im Norden besteht.

TIPP

Pavlova-Genüsse

Auch Alice Springs ist nun in Gourmetführern vertreten. ›Bluegrass‹ heißt das Restaurant – und insbesondere die Desserts haben es hier in sich. Himmlisch z.B.: hausgemachte Pavlova, eine australische Baiser-Speise, die man einfach probiert haben muss. Doch auch die Hauptgerichte lassen aufhorchen – z.B. zartes Kängurusteak. Bluegrass, Cnr. Todd St./Stott Terrace, Tel. 08/ 89 55 51 88, www.bleugrassrestaurant.com.au, tgl. Lunch und Dinner.

TIPP

Souvenirkauf

Im Roten Herzen Australiens gibt es zahlreiche begabte Ureinwohner, deren Bilder oder Kunsthandwerk nicht nur Erinnerungscharakter, sondern auch bedeutenden künstlerischen Wert haben. Man ist gut beraten, sich in den vielen Galerien von Alice Springs nach hochwertiger Ware umzusehen, die sich stets dadurch auszeichnet, dass es sich um Einzelstücke handelt.

Sehenswertes: Einen ersten Überblick sollte man sich vom **Anzac Hill** aus bei Sonnenauf- oder -untergang machen. Eine gute Einführung bietet auch der **Alice Springs Desert Park.** Zu sehen sind seltene Tiere und Pflanzen des Red Centre. In einem Kino entführt ein dreidimensionales Filmerlebnis fast 15 Minuten lang zurück in die Zeit, als die Erde entstand. Und in einem Großgehege können die kleinen Besucher zahme Zwergkängurus, Emus oder Koalas streicheln (Larapinta Drive, tgl. 7.30 – 18.00 Uhr). 1872 entstand die Old Telegraph Station aus gehauenen Felsblöcken. Ein Besuch des Reservats versetzt zurück in Australiens Pioniertage (North Stuart Highway, tgl. 8.00 – 19.00 Uhr im Winter, 8.00 – 21.00 Uhr im Sommer). 1939 eröffneten die Fliegenden Ärzte ihr Büro in Alice Springs. Heute werden sie, wie man beim Besuch des **RFDS** erfährt, vor allem bei Autounfällen im Outback gerufen (8-10 Stuart Terrace, Mo. – Sa. 9.00 – 16.00, So. 13.00 – 16.00 Uhr). 1,3 Millionen Quadratkilometer – das wohl größte Klassenzimmer der Welt in der **School of the Air** bietet viel Platz. Im Outback bekommen die Kinder den Schulunterricht über viele hundert Kilometer hinweg via Funk. Durch eine Glasscheibe kann man dem Lehrer zusehen, über Mikrofon zuhören (80 Head St., Mo. – Fr. 8.30 bis 16.00, So. 13.30 – 16.00 Uhr).

Museen: Im **Araluen Arts Centre** sind einige sehr eindrucksvolle Landschaftsgemälde von Albert Namatjira zu sehen. Der Aborigine verknüpfte europäische Maltechniken mit jenen der australischen Ureinwohner. Ausgestellt werden auch Werke von Rex Batterbee. Er hatte den jungen Namtjira den Umgang mit Aquarellfarben gelehrt (Larapinta Drive, Mo. – Fr. 10.00 – 17.00, Sa. und So. 10.00 bis 16.00 Uhr). Das **Strehlow Research Centre**

TIPP

Didgeridoo-Universität

Einer Didgeridoo einige Töne zu entlocken, ist normalerweise gar nicht so leicht. Australiens erste Didgeridoo-Universität wirbt damit, dass man schon nach einer Stunde einen Lernerfolg zu hören bekommt. Unter Anleitung von Paul Ah Chee Ngala lernt man zunächst den wichtigsten Schritt – die Lippen zu entspannen. Kurse beginnen tgl. um 13.00 Uhr. Aboriginal Art & Culture Centre, 86 Todd St, Tel. 08/89 52 34 08, tgl. 8.00–17.00 Uhr.

Känguru-Mutter mit einem ›Joey‹

SPECIAL

Die School of the Air

Es war eine ganz besondere Schule, die im Juni 1951 in Alice Springs ihren Dienst aufnahm: Im ›Klassenraum‹ saß der Lehrer am Funkgerät und rief nacheinander seine Schüler auf, die weit draußen im Outback an ihren Funkgeräten lauschten. Endlich erhielten auch die Kinder, die kein Internat besuchten, regelmäßigen und qualifizierten Unterricht. Heute sind insgesamt 26 ›Schools of Distance Education‹ eine unverzichtbare Stütze des australischen Bildungssystems. An der Unterrichtsweise hat sich wenig geändert. Noch immer kommunizieren Lehrer und die etwa zwölf Schüler in erster Linie per Funk. Disziplin im Funkverkehr ist wichtig. Jeder Schüler muss warten, bis er mit Namen angesprochen wird. Einfach in die ›Klasse‹ hineinzurufen, hat auf Grund des Zwei-Wege-Systems wenig Aussicht auf Anhörung. Der Unterricht pro Tag dauert je nach Jahrgangsstufe maximal zwei Stunden, unterteilt in Unterrichtseinheiten à 30 Minuten. Materialien erhalten die Schüler per Post, per Faxgerät oder Internet. Auch die Arbeit am Computer gehört übrigens zum Lehrplan.

Damit bei Fernprüfungen alles ordentlich abläuft, werden die Fragen im versiegelten Umschlag zugesandt, der erst geöffnet werden darf, wenn Funkverbindung besteht. Mit ihrer Unterschrift stehen die Eltern dafür gerade.

widmet sich dem Lebenswerk des lutheranischen Missionars Professor Carl Strehlow, der in der Station Hermannsburg südwestlich von Alice Springs lebte und von 1894 an über 40 Jahre hinweg versuchte, die Arrernte-Ureinwohner zu bekehren (Larapinta Drive, tgl. 10.00–17.00 Uhr).

Unterkünfte/Restaurant: **Lasseters Hotel** ist ein elegantes Hotel mit sehr zuvorkommendem Personal, exzellentem Restaurant und angeschlossenem Casino, das auch in dem Film ›Priscilla – Queen of the Desert‹ zu sehen war. 93 Barret Drive, Alice Springs, Tel. 08/89 50 77 77, Fax 08/89 53 16 80, www.lassetershotelcasino. com. au, €€-€€€.

G'Day Mate Tourist Park: ist ein sehr gut ausgestatteter, sauberer und ruhiger Caravanpark nahe dem Pitchi Ritchi Sanctuary. Palm Circuit, Tel. 08/ 89 52 95 89, €.

Ross River Homestead: liegt ca. 80 km östlich der Stadt. Diese gemütliche und hübsch renovierte Farm – die älteste des Landes – mit kleinem Kamelpark befindet sich inmitten der bizarren Felslandschaft der östlichen MacDonnell-Ranges. Loves Creek, Ross River, Tel. 08/89 56 97 11, Fax 08/89 56 98 23, €€.

The Overlander Steakhouse: ist eine Institution im Outback. Herrlich frische Rindersteaks und gemischte Fleischplatten (›Drovers Blowout‹) sowie ein Showprogramm machen den Besuch zum Erlebnis. Hier gastieren oft auch Busgruppen. 72 Hartley St., Alice Springs, Tel. 08/89 52 2159, tgl. Dinner).

Veranstaltungen: In Alice Springs gibt es einige Veranstaltungen, die aus dem üblichen Rahmen fallen. Ein Bootsrennen inmitten der Wüste zählt dazu – alljährlich Ende September ist Alice Springs Schauplatz der wilden **›Henley on Todd‹ -Regatta**. Dabei marschieren die Mannschaften unter großem Gejohle mit bodenlosen Bootsattrappen durch das ausgetrocknete Bett des Todd River. Erlebenswert ist auch das Kamelrennen **›Lions Camel Cup Carnival‹**, das alljährlich im Mai stattfindet.

Umgebung: Wie die Perlen einer Kette reiht der **Natmatjira Drive** westlich von Alice Springs berühmte Schluchten wie etwa Simpsons Gap oder Standley Chasm aneinander – eine schöne als die andere. Die geteerte und gut befahrbare Route lässt sich bequem im Rahmen einer Tagestour ab und bis Alice Springs bewältigen. Schon eigenartig, wie die runden Gesteinsklötze der **Devils Marbles** 5, gelegen rund 390 km nördlich von Alice Springs und 10 km nördlich der kleinen Gemeinde Wauchope, im Abend- oder Morgenlicht leuchten. Devils Marbles – das heißt übersetzt: ›Murmeln des Teufels‹. Sie entstanden durch allmähliche Verwitterung eines riesigen Granitklotzes. Wasser und Hitze halfen dabei im Laufe von rund 1,5 Milliarden Jahren nach. Die Aborigines glauben, dass die Steine die Eier der heiligen Regenbogenschlange sind, die in Urzeiten alle Gewässer des Kontinents schuf.

ⓘ Central Australian Tourism Centre, Gregory Tce/Hartely Street, Tel. (gebührenfrei) 1800 62 13 36 oder 08/89 52 58 00, Fax 08/ 89 53 02 95, www. centralaustraliantourism. com Mo.–Fr. 9.00–18.00, Sa./So. 10.00–15.00 Uhr, Northern Territory Holiday Centre, Stuart Hwy. North, Tel. 08/ 8951 8471, Fax 08/ 89 51 86 66, Mo. – Fr. 9.00 – 17.00, Sa. 9.00 – 14.00 Uhr

Wandgemälde der Ureinwohner in Alice Springs

Uluru/Kata Tjuta NP 2

TOP ZIEL Er ist zum Wahrzeichen Australiens geworden, zum Sinnbild für die Naturschönheiten des Landes – der Uluru, einst auch Ayers Rock genannt. Die Anangu-Aborigines betrachten den majestätischen Uluru-Monolithen und die Felsendome der Kata Tjuta als ihre wichtigsten Heiligtümer.

Geschichte und Allgemeines: Uluru bildet die oberste Spitze eines unterirdischen Sedimentklotzes und entstand, wie Kata Tjuta,

Rostrote Steppe nahe Uluru

Infos

Die beeindruckenden Felswände des Watarrka, der einst Kings Canyon hieß

vor gut 600 Mio. Jahren im Zusammenspiel zwischen Erdauffaltungen und Erosion. 1872 entdeckte William Ernest P. Giles die Kata - Tjuta-Felsendome. Am 19. Juli 1873 erreichte der britische Forschungsreisende William C. Gosse als erster Weißer den Gipfel des 348 m hohen Uluru-Felsens. 1958 ließ die australische Regierung das Areal aus dem South-West-Aboriginal-Reservat ausklammern und richtete einen Nationalpark ein, der fortan für den Massentourismus erschlossen werden sollte. Am 26. Oktober 1985 entschied das Oberste Bundesgericht, dass das Gebiet den Anangu-Ureinwohnern zurückgegeben werden müsse. Sie wurden jedoch dazu verpflichtet ihr angestammtes Heimatland für 100 Jahre an den National Parks & Wildlife Service zu verpachten.

Im Uluru-Felsen sollen jene ›Traumzeitwesen‹ ruhen, die einst die Erde geschaffen haben. Deswegen bitten die Ureinwohner die Touristen darum, den Fels nicht zu erklettern, sondern nur den **Uluru Sunrise** (Ostseite) oder **Uluru Sunset** (Westseite) zu genießen. Wer den Aufstieg dennoch wagen möchte, sollte für den 1,6 km langen Weg etwa zwei Stunden kalkulieren. Dem Glauben der Anangu-Ureinwohner zufolge ist auch in Kata Tjuta Schöpferkraft aus der Traumzeit gespeichert. Einer Wanderung durch das **›Valley of the Winds‹** haben die Aborigines jedoch nichts engegenzusetzen. Kata Tjuta bedeutet übrigens aus der Anangu-Sprache übersetzt: viele Köpfe. Treffender könnte man die 36 Felsendome, die bis zu 536 m hoch sind, kaum nennen.

Aktivitäten: Empfehlenswert sind die von Anangu-Aborigines geführten Wanderungen ›Liru Walk‹ und ›Mala Walk‹, die sich mit der mythologischen Bedeutung des Berges befassen, oder auch die ›Breakfast Tour‹ am frühen Morgen. Buchbar bei Anangu-Tours, Ayers Rock Resort, Tel. 08/89 56 21 23, Fax 08/ 89 56 31 36.

ⓘ Uluru/Kata Tjuta Cultural Centre & Visitor Information, Uluru National Park, Tel. 08/ 89 56 31 38, Nov. – März: tgl. 7.00 – 18.00, April – Okt. tgl. 7.30 – 17.30 Uhr

Watarrka 3

Gute 20 000 Jahre lebten die Ureinwohner vom Stamme der Luritja in dem Canyon, den sie ›Watarrka‹ nannten, nach den Regenschirm-Akazien, die im Landesinneren von Australien weit verbreitet sind. 1872 sollte dann Ernest Giles als erster Europäer die atemberaubende Schlucht entdecken und ihr den Namen seines Freundes Fielder King geben. Die beiden Steilklippen des Canyons fallen über 100 m direkt ab. Bis hinab zum Lauf des King Creek sind es insgesamt sogar 270 m Tiefe – der Kings Canyon ist damit die größte Schlucht des ganzen Landes. Die Gesteinsformationen sind vermutlich mehrere Milliarden Jahre alt.

Wanderung: Die 6 km lange **Tour** entlang dem Canyon führt vorbei an großen Bienenstock ähnlichen, gestreiften Sandsteindomen – ein Werk der Erosion durch Hitze, Regen und die winterlichen Trockenfröste. Die Wanderung gehört zu den großen, aber auch anstrengenden Naturerlebnissen im Territory. Bitte ausreichend Trinkwasser mitnehmen.

Unterkunft: Das **Frontier Kings Canyon** bietet ordentliche, aber auch teure Zimmer an. Ernest Giles Rd., Kings Canyon, Tel. 08/89 56 74 42, Fax 08/89 56 74 10.

ⓘ National Parks&Wildlife Service, Watarrka National Park, Tel. 08/895 674 60, Mo. – Fr. 9.00 – 17.00 Uhr

Hermannsburg 4

Der Name des 460-Einwohner-Städtchens am Larapinta Drive deutet es schon an: Die Siedlung wurde von Deutschen gegründet.

Geschichte: Nach über 20monatiger Anreise aus dem Süden gründeten die beiden lutherischen Missionare Kempe und Schwarz aus dem deutschen Hermannsburg im Jahre 1877 eine Missionsstation. 15 Jahre lang versuchten sie, die umliegenden Aborigine-Stämme zu bekehren. 1894 übernahm die Immanuel-Synode unter Führung von Carl Strehlow die Mission. Strehlow übersetzte das Neue Testament in die Sprache der Ureinwohner, gewann ihren Respekt und zeichnete Grammatik und Wortschatz der Aborigines auf.

Sehenswert: Die historischen Gebäude der Mission werden vom Aboriginal Ntaria Land Trust verwaltet, so etwa die **Kirche** von 1880, das **Schulhaus**, einige **Wohnhäuser** sowie eine **Schmiede**. In zwei Häusern sind in einer Historienschau (tgl. außer Di. 9.00–17.00 Uhr) alte Dokumente, Fotografien u. a. zu sehen. Reizvoll ist ein Ausflug in den nahen **Finke Gorge National Park** mit seinen urzeitlichen Livistonia-Palmen. Ein geländegängiges Fahrzeug ist notwendig.

SPECIAL

Der Traumzeitfels

Wer den Uluru-Felsen näher inspiziert, wird teilweise markante Felsformationen entdecken – ein Werk der Erosion. Für die Anangu-Aborigines haben diese Zeichen eine religiöse Bedeutung – sie sind Hinterlassenschaften jener großen Wesen, die, in der ›Traumzeit‹ über den australischen Kontinent wandernd, Leben und Landschaften schufen. Alle Pfade dieser Wesen treffen sich nach Tjurkurpa, der Anangu-Mythologie und Gesetzgebung, am Uluru, der somit spirituelles Herz des australischen Kontinents ist. Da die Wesen mit Beendigung der Schöpfung in dem Felsen mit den beiden rituellen Zonen Tjindulagul (Sonnenseite) und Umbaluru (Schattenseite) aufgingen, also gewissermaßen in ihm ruhen, jederzeit aber wieder auferstehen können, kommt Uluru in der Mythologie der australischen Aborigines eine zentrale Bedeutung bei. Besonders heilige Plätze sind das Mutijulu-Wasserloch, in welchem das höchste Wesen, die Regenbogenschlange, lebt, oder aber Ngaltawata, ein vom Uluru abgespaltener Fels, der als versteinerter Schwanz des Känguru-Vorfahren betrachtet wird. Einige der zahlreichen Höhlen, die teilweise als Versammlungsstätte dienten, weisen bis zu 10 000 Jahre alte Malereien auf.

Sandsteinklippen auf Fraser Island, von Wind und Wetter geformt

Anreise

Mit dem Flugzeug: Fliegen nach Down Under? Kein Problem. Beinahe im Stundentakt starten die Maschinen ab Deutschland, Österreich, der Schweiz und den Niederlanden über Asien oder Amerika nach Australien. Wegen der langen Flugzeit von rund 22 Stunden ist es jedoch ratsam, einen Stopover einzulegen, etwa in Singapur oder Bangkok – es sei denn, man möchte völlig gerädert am Ziel ankommen.

Mit dem Frachtschiff: Jawohl, es gibt sie, die Reise mit Weile – und sie ist unglaublich beliebt. Wer vier Wochen oder mehr Zeit hat und auf einem mehr oder minder komfortablen Frachtschiff reisen möchte, probiere sein Glück möglichst lange vor Reiseantritt bei folgenden **Adressen:** Frachtschiff Touristik International, Marschall 2, 24376 Hasselberg, Tel. 04642/6686, Fax 04642/6820, www.frachtschiffe.de, Seereisen Hoffman (Fracht-Schiffreisen), Strandallee 110, 23677 Scharbeutz, Tel. 04503/73675, Fax 04503/74437, Consulich Schiffahrtsagentur, Beckenhofstr. 26, CH-8035 Zürich, Tel. 0041/(0)1/3635255, Fax 362 6782.

TIPP

Tücken des Internets

Die Buchung über einen Hotelzimmer-Dienst im Internet mag auf den ersten Blick tolle Preise bringen – am Ende zahlt jedoch derjenige drauf, der sich die oft langatmig formulierten Geschäftsbedingungen nicht ganz genau durchliest. Wer etwa über www.rates-togo.com, einen großen Australien-Hotelanbieter, reserviert und später stornieren muss, bekommt bei Häusern wie etwa dem De Vere Hotel in Sydney dennoch den vollen Preis berechnet – Feilschen zwecklos. Begründung: Die hohe Stornogebühr sei Teil des Angebots. Bei den zahlreichen dubiosen Australien-Angeboten von Hotel-Servicediensten ist man zurzeit mit gründlicher Beratung im Reisebüro oder direkt beim Hotel und anschließender Buchung besser bedient.

Auskunft

Australisches Fremdenverkehrsamt: Neue Mainzer Str. 22, 60311 Frankfurt, Tel. 069/2740060, Fax 069/274 00 640, www. australia. com. Da das Büro der Northern Territory Tourism Commission nicht mehr existiert, gibt es hier auch Auskünfte über das Red Centre.

Queensland Tourism: Sonnenstr. 9, 80331 München, Tel. 089/ 23177177, Fax 089/ 26035 30.

Internet: Viele Websites bieten aktuelle Info über Wetter, Verkehr, politische oder gesellschaftliche Ereignisse in Australien. Reichhaltig: Yahoo mit mehr als 30 000 (allgemeinen) australischen Web-Adressen: www.yahoo. com. au. Lohnend sind auch das Tourismusnet: www. atn.com. au und die (kommerzielle) Seite www. australien-info.de, die über wichtige Tricks wie z.B. preiswertes Telefonieren oder Roaming mit dem Handy und tolle Links informiert.

Auto fahren

In Australien wird links gefahren (im Kreisverkehr gilt rechts vor links!) und rechts überholt. Die Verkehrszeichen entsprechen den internationalen Regeln. Die Promillegrenze liegt bei 0,5 – und es besteht Anschnallpflicht! Die Höchstgewindigkeit beträgt 110 km/h auf einigen Strecken, sonst 100 km/h, 60 km/h in Ortschaften und 40 km/h in Wohngebieten. Die Autofahrer sind zumeist sehr rücksichtsvoll, Drängeln und stures Beharren auf dem ›Recht des Schnelleren‹ werden nicht gerne gesehen. Achtung: Fußgänger erwarten, dass man am Zebrastreifen anhält – man ist gut beraten, sich daran zu halten.

Bahn und Bus

Busfahrten: Wer plant, mit dem Bus zu fahren, sollte unbedingt kostengünstige **Buspässe** für Trips mit Überlandbussen hierzulande reservieren. Greyhound/Pioneer (Tel. 0061/7/32581600, Fax 32581910, www. greyhound. com. au) und McCafferty's (Tel. 0061/2/92123433, Fax 92123466, www. mccaffertys. com. au) teilen sich weitgehend den Markt. McCafferty's bietet insgesamt neun, Greyhound drei große Rundreisekarten an.

Bahnfahrten: Auch größere Bahnreisen, so z.B. Fahrten in den beliebten Luxuszügen Eastern and Oriental Express, Indian Pacific oder die soeben erweiterte Reise mit dem ›Ghan‹ von Adelaide nach Darwin sollte man wegen geringer Sitzplatzkapazität unbedingt noch vor der Abreise buchen: Generalagentur der Rail Australia (Britz: Australia), Plinganserstr. 12, 81369 München, Tel. 089/72579550, Eastern and Oriental Express bei: Venice Simplon Express, Sachsenring 85, 50667 Köln, Tel. 0221/3380300, Fax 0221/3380333, www. orient-expresstrains.com.

Camping

Australien ist ein veritables Paradies für Camper. Nur in Nationalparks benötigt man fürs Nächtigen im ›Fünf Millionen Sterne‹-Hotel einen Permit, den es zumeist bei den Touristinformationen gegen einige Dollar gibt. Ansonsten darf überall auch frei campiert werden – natürlich unter Beachtung der üblichen Umweltschutzmaßnahmen. Das Netz an gut ausgestatteten Caravanparks im ganzen Land ist riesig; die Reglements sind, verglichen mit Europa, relativ lässig. Abends findet man sich in geselliger Runde unter grillenden Australiern – man bleibt also nie lange alleine.

Essen und Trinken

Vielseitige Küche: Noch vor 30 Jahren gingen die Aussies zum Chinesen oder Fish'n Chips-Shop an der Ecke, wenn sie einmal auswärts

Australien – ein Fest für Gourmets

dinieren wollten. Heute bietet die vielfältige Restaurantszene insbesondere in den großen Städten die magensaftanregende Qual der Wahl. Mit dem Zustrom der Einwanderer haben sich Küchen aus aller Welt mit ihren authentischen Speisen etabliert: China-Restaurants servieren mittags häppchenweise Dim Sum und abends scheibchenweise Peking Ente, beim Thai gibt's chillischarfe Suppen mit dem typischen Zitronengras-Aroma, japanische Köche arrangieren aus rohem Fisch dekorative Sushi- und Sashimi-Platten, traditionell kneten die Italiener Pizza wie Pasta, beim Spanier machen Tapas die Gäste schnell satt, die Griechen haben auf dem Kontinent irgendwann Weinblätter aufgetrieben und die Türken den sich automatisch drehenden Fleischspieß eingeführt. Australien muss man sich einfach auf der Zunge zergehen lassen – auch eine ganz eigene Küche. Denn Bush-Tucker à la Crocodile Dundee ist ›in‹. Würzige, an Kalb- oder Hähnchenfleisch erinnernde Känguru- und Büffelsteaks erfreuen sich beispielsweise größter Beliebtheit. Nur im Outback, wo Rinder und Schafe gezüchtet werden, hat die deftige Küche noch nichts an Finesse gewonnen. Dort legt man Wert auf ordentliche Portionen: tellergroße Steaks, faustdicke Hamburger, Haufen von Bratkartoffeln und Berge von angebratenen Zwiebelringen.

Getränke: Der Biergenuss in Australien ist alles andere als magenfreundlich. Denn ob in Dosen (tinnies) oder handlichen Flaschen (stubbies bzw. twisties): Bier wird eiskalt serviert – und in tropischen Regionen alsbald mit einer isolierenden Manschette vom Warmwerden abgehalten. Australier liegen, abwechselnd mit den Belgiern und Deutschen, beim Bierkonsum ganz vorn. Und Darwin im tropischen Norden ist als Stadt mit dem höchsten Pro-Kopf-Verbrauch der Welt zu zweifelhaftem Ruhm gekommen. Vielleicht war es tatsächlich der ›six o'clock swill‹, der das unmäßige Trinkgebaren in Australien ausgelöst

GESCHICHTE

- **um 50 000 v. Chr.** Von Norden kommend überqueren Aborigines eine Landbrücke bei Papua Neuguinea und erreichen den heutigen Kontinent. Etwa 10 000 v. Chr. ist der Kontinent vom Wasser umschlossen, sind die Aborigines und die australische Fauna und Flora isoliert – bis die Europäer eintreffen.
- **1642** Der Holländer Abel Tasman befährt die südliche Küste des ›Südkontinents‹ und entdeckt Tasmanien (damals: Van Diemen's Land).
- **1770** Auf seiner Reise von Neuseeland aus erreicht James Cook mit seinem Schiff ›Endeavour‹ die Ostküste (Botany Bay) und annektiert am 22. August auf einer Insel bei Cape York (Possession Island) die Ostküste für die englische Krone (King George III).
- **1788** Das neu entdeckte Land soll die englischen Gefängnisse von Gefangenen entlasten. Am 18. Januar 1788 erreichen die ersten Sträflingsschiffe (›First Fleet‹) mit 1500 Häftlingen den Kontinent, am 26. Januar wird, wo sich heute Circular Quay befindet, die britische Flagge gehisst (nunmehr der Nationalfeiertag) und Sydney gegründet.
- **1801–1803** Matthew Flinders umsegelt den immer noch ›New Holland‹ genannten Kontinent, fertigt eine erste komplette Küstenkarte an und bezeichnet das Land Jahre später als ›Terra Australis‹. Die Engländer übernehmen den Begriff, Australien ist ›geboren‹.
- **1901** Sechs Kolonien (Queensland, New South Wales, Tasmania, Victoria, South Australia und Western Australia) bilden das ›Commonwealth of Australia‹. England verliert an Einfluss. Die Zahl der Aborigines wird auf 60 000 geschätzt, ein Fünftel der Ureinwohner, die einst bei der Ankunft der Weißen auf dem Kontinent lebten.
- **1914–1918** Australien kämpft an der Seite Englands im Ersten Weltkrieg. Am 25. April landen die ANZAC-Truppen (Australian and New Zealand Army Corps) im türkischen Gallipoli. Über 8000 Australier sterben im Kampf. Der 25. April ist noch heute ein National-Feiertag (ANZAC Day).
- **1928** Die Royal Flying Doctors nehmen ihren Dienst in Cloncurry auf.
- **1939** Australien kämpft auf der Seite der Alliierten im Zweiten Weltkrieg.
- **1951** In Alice Springs geht die erste ›School of the Air‹ (später: School of Distance Education) auf Sendung. Australien (A), New Zealand (NZ) und die USA (US) verbünden sich im ANZUS-Pakt und sichern sich militärischen Beistand zu.
- **1973** England tritt der Europäischen Gemeinschaft bei, Australien verliert seinen wichtigsten Exportmarkt. Der Kontinent konzentriert sich fortan auf den asiatischen Markt.
- **1985** Das Oberste Gericht spricht den Ureinwohnern des Ayers Rock/The Olgas National Park das angestammte Heimatland zu. Die beiden bekanntesten Wahrzeichen Australiens werden umbenannt.
- **1993** Mit dem Urteil des Obersten Gerichtshofs bekommt der Aborigine Eddi Mabo den Besitz der Murray Inseln in der Torres Strait zugesprochen. Damit räumt die australische Rechtsprechung ein, dass sich der Kontinent vor der Besiedlung durch Europäer sehr wohl in festem Besitz (der Aborigines nämlich) befunden hat. Immer mehr Ländereien werden fortan an Aborigines-Stämme zurückgegeben, meist nach langen Streitigkeiten.
- **1998** Nach langen Diskussionen beschließt die Verfassungsgebende Versammlung, Australien solle sich von der britischen Krone lösen. Eine Volksabstimmung scheitert jedoch 1999.
- **2000** Die Olympischen Spiele in Sydney werden zu einem fröhlichen Fest des Friedens. Finanziell enden die Spiele jedoch mit hohen Verlusten für die Stadt.
- **2001** Premier John Howard weiß sich im Wahlkampf das Asylthema zunutze zu machen und wird erneut im Amt bestätigt.
- **Juni 2003** Der anglikanischen Erzbischof von Brisbane, Peter Hollingworth, muss nach einer Reihe schwerer öffentlicher Anschuldigungen als Governor General zurücktreten. Major General Michael Jeffery vertritt als neuer Governor General die Interessen der Queen in Australien.
- **17.2.2004** Nach dem Tod des 17-jährigen Aborigine Thomas Hickey im Zuge einer Polizeiverfolgung kommt es in Sydney zu Ausschreitungen australischer Ureinwohner.
- **Juli 2004** Wenige Monate vor den Parlamentswahlen steht der konservative Premier John Howard wegen des umstrittenen Einsatzes australischer Soldaten im Irak massiv unter Druck.

hat. Noch bis in die fünfziger Jahre galt: sich so schnell wie möglich vollaufen lassen, bevor zur gesetzlichen Sperrstunde um Punkt sechs Uhr die Zapfhähne in den Kneipen zugedreht wurden. Alle Welt trinkt inzwischen, was in den hervorragenden Weinanbaugebieten Australiens gekeltert wird – allen voran das Hunter Valley in New South Wales und das Barossa Valley in South Australia. Australiens Weine können, ohne lange Lagerung und stundenlanges ›Lüften‹ mit einer oft gewaltigen Fruchtigkeit und Intensität aufwarten.

Feste und Feiertage

Feiertage: 1. Januar: Neujahrstag, 26. Januar: Australia Day (Nationalfeiertag), Karfreitag und Ostermontag, 25 April: Anzac Day (Gedenken an die Kriegsopfer), Erster Montag im Mai: Labour Day, zweiter Montag im Juni: Queen's Birthday, 25. Dezember: Christmas Day, 26. Dezember: Boxing Day. Fällt ein Feiertag auf einen Samstag oder Sonntag, wird er am darauffolgenden Montag ›nachgefeiert‹.

Festivals: Im Januar wird beim **Sydney Festival** über mehrere Wochen hinweg der Kunst und Kultur gefrönt. Im Februar steigt auch der **Mardi Gras**, der Schwulen- und Lesbenkarneval in Sydney mit schriller Riesen-Parade. Mitte Juni/Anfang Juli findet das **Laura Dance Festival** statt, ein großes Kulturfest der Aborigines, bei dem Vertreter nahezu aller australischer Stämme in Laura/Cape York ihre Tanzkünste präsentieren. Nahe dem Mindil Beach in Darwin kreuzen im August die Teilnehmer der **Beer Can Regatta** auf zusammengeschnürten, leeren Bierdosen übers Meer. Der kleine Ort Birdsville im Südwesten Queenslands verwandelt sich am ersten Wochenende im September bei den **Birdsville Races** (Pferderennen) in ein Tollhaus. Die berühmeste und härteste Segelregatta Australiens, **Sydney to Hobart**, findet im Dezember in Sydney ihren Anfang.

Geld

Der australische Dollar (A$) ist in 100 Cents unterteilt. Im Umlauf sind Münzen zu 5c, 10c, 20c, 1 A$ und 2 A$; Banknoten zu 5 A$, 10 A$, 20 A$, 50 A$, 100 A$, 200 A$. Immer wieder unterliegt die Währung verhältnismäßig großen Kursschwankungen (10 – 20% pro Jahr). Kreditkarten sind weit verbreitet, doch im Outback benötigt man dann und wann Bargeld. Mittlerweile kann man auch mit der EC-Karte Geld von Automaten abheben.

Hotels

Das reichhaltige und breitgefächerte Angebot an Unterkünften führt selbst in der Hochsaison nur vereinzelt in den Ferienorten der Ostküste zu Engpässen. Die australischen Automobilclubs halten sehr gute ›Accomodation Guides‹ für wenige Dollar bereit. Das Preisniveau ist niedriger als in Deutschland, der Komfort höher. So gibt es z.B. in jedem Zimmer ein kostenloses

Daten und Fakten

- **Natur und Geografie:** 7 682 000 km² nimmt die gewaltige Landmasse zwischen Pazifik und Indischem Ozean ein, eine Fläche etwa 21 mal so groß wie Deutschland. Knapp 3700 km sind es von Tasmanien im Süden bis zur Nordspitze. Die maximale Ost-West-Ausdehnung beträgt rund 4000 km. Australien ist ein relativ flacher Kontinent, im Durchschnitt nicht höher als 300 m. Ein ganzes Buch würde nicht genügen, um den weltweit einzigartigen Gattungsreichtum der australischen Fauna in Worte zu fassen: Allein 130 Beuteltier-, 165 Schlangen-, 500 Echsen- sowie über 65 000 Insekten-Spezies bevölkern Down Under. Schier unermesslich ist beispielsweise Australiens Vogelreichtum. Viele Tierarten sind allerdings erst dann zu beobachten, wenn die Nacht heraufzieht. ›Nachtaktiv‹ nennen das die Biologen. Obwohl Australien nach der Antarktis das trockenste Land der Erde ist und fast zwei Drittel des Landes nur von dürrem Spinifexgras überwuchert und völlig baumlos sind, übertrifft der Pflanzenreichtum des fünften Kontinents die gesamte Flora Nordamerikas und Europas um Längen. Mehr als 700 Eukalypten-Arten kommen in Down Under vor. Eine Vielfalt, die nur noch von den oftmals schlanken, hohen Akazien übertroffen wird, von denen bisher 800 Spezies bekannt sind. Während semi-arider Trockenbusch und wüstenähnliche Landschaften im regenarmen Landesinneren dominieren, grünt und blüht es an der Küste. Nur fünf Prozent Australiens sind bewaldet, vor allem mit subtropischem und tropischem Regenwald.
- **Klima:** Wegen seiner großen Ausdehnung sind in Australien viele Klimazonen vertreten: im Süden (Tasmanien, Süd-Victoria) kühl-gemäßigtes Mittelmeerklima mit heißen Sommern und milden Wintern. Im Landesinneren dominiert trocken-heißes Wüstenklima, im Norden das Klima der Randtropen mit ausgeprägten Regen- und Trockenzeiten.
- **Bevölkerung:** Freundlich, fröhlich und hilfsbereit – so werden die Australier beschrieben. Von den 19 Mio. Australiern zählen ca. 300 000 zu den Aborigines und Torres-Strait-Insulanern. Australien ist ein Einwanderungsland. Alle möglichen Nationen haben in der Weite des Kontinents eine neue Heimat gefunden, sind Aussis geworden, wie sich die kürzelbegeisterten Einwohner selber nennen. In den letzten 55 Jahren kamen über fünf Millionen Einwanderer aus fast 200 Ländern und Regionen nach Down Under. Die Australier mit britischer und irischer Abstammung machen zwar immer noch den größten Anteil aus. Doch die Zahl der asiatischen Immigranten nimmt stetig zu, allen voran Chinesen. Ein Wandel ist nicht zu übersehen. Sydney zum Beispiel wird inzwischen von vielen Besuchern eher als eine Stadt asiatischer denn westlicher Prägung verstanden. Rund 75% der Australier bekennen sich zum christlichen Glauben, als konfessionslos bezeichnen sich ca. 12%.
- **Wirtschaft:** Landwirtschaft (Wolle, Getreide, Fleisch) und Bergbau (Kohle, Uran, Eisenerz, Bauxit und Tonerde, Blei, Zink, Kupfer und Gold) machen ca. 10% des Bruttosozialprodukts aus. Nur etwa 6% des Landes sind kultivierbar. Die Weltbank stuft Australien als das reichste Land der Welt ein (gemessen u.a. am Bruttosozialprodukt sowie an natürlichen Ressourcen wie z.B. Bodenschätze). Auf einer UN-Liste ›Lebensstandard‹ belegt der Kontinent Platz 11 (Deutschland Platz 18). Wichtigste Handelspartner sind Japan und die USA, mit weitem Abstand gefolgt von Neuseeland (Deutschland Platz 9). Australien importiert mehr, als es exportiert. Ca. 3,8 Mio. Besucher zählt Australien jährlich, davon ca. 130 000 aus Deutschland. Tourismus ist der wichtigste Devisenbringer des Landes.

Hungrige Wallabies sind zutraulich

Tee- und Kaffeeset mit Wasserkocher. Verschiedene Hotelketten offerieren zudem Pässe, die Vergünstigungen gewähren. Ein sehr gutes Preis-/Leistungsverhältnis bieten die vielen Bed & Breakfast, wie die Familienpensionen auch genannt werden. Auskünfte erteilt ›Bed & Breakfast Australia‹ (Tel. 02/ 92643155).

Kinder

Australien ist sicherlich eines der kinderfreundlichsten Länder der Erde. Nicht nur Hotels, sondern auch Busgesellschaften, Tourenanbieter, Museen und Freizeitparks, Campingplätze oder Bahnen und Fähren bieten z.T. erheblich ermäßigte Familientarife oder Spezialangebote – meistens für zwei Erwachsene und zwei Kinder unter 12 – 15 Jahren – so dass das Reisen mit dem Nachwuchs finanziell nicht zu sehr ins Gewicht fällt.

Literaturtipps

Australien ist ein klassisches Pionierland, und wer sich ein Bild von den harten Anfangszeiten in Down Under machen möchte, sollte zu **Patrick Whites** großem Roman **›Voss‹** greifen, den es leider nur noch in der englischen Version gibt, z.B. bei www.amazon.co.uk (ISBN: 0099324717, Vintage-Publ., 13,95€). Das Buch schildert das Leben und die zweite, tragisch endende Expedition des mutigen preußischen Einwanderers Ludwig Leichhardt, der 1844/1845 als erster Entdecker Australien von Süd nach Nord durchquert hatte. Sehr geschichtsträchtig auch: der Roman **›Südland‹**, verfasst von der Historikerin **Patricia Shaw** (Bastei-Lübbe, 9,90 €), der die Eroberung des fünften Kontinents durch europäische Siedler über mehr als 100 Jahre hinweg beschreibt. Ein Muss ist der große Roman **›Jenseits von Babylon‹** des faszinierenden Schriftstellers **David Malouf** (dtv, 8,64 € als TB), denn die Geschichte des Schiffsjungen Gemmy Fairley, der zuerst jahrelang unter Aborigines lebt und dann in die Welt der Weißen zurückkehrt, berührt ein ganz zentrales Motiv der australischen Gesellschaft: den Verlust der Identität (durch die Verbannung der Vorfahren aus England), ihre langsame Wiedererlangung und die beständige Sehnsucht nach Anerkennung, die z.B. den Umgang vieler Australier mit Europäern kennzeichnet. Ein schönes, romantisches Buch ist auch der verfilmte Roman des gebürtigen Australiers **Peter Carey**, **›Oscar und Lucinda‹**, der die Liebesgeschichte zwischen dem englischen Geistlichen Oscar Hopkins und der Unternehmerin Lucinda Leplastrier schildert (Rowohlt, 11,80 €). Die Story der eigenwilligen irischen Lady Daisy Bates hat **Julia Blackburn** in schillernder Sprache aufgezeichnet. 1883 machte sich die Irin ins Outback auf, um die Mythen, die Dialekte und Bräuche der Aborigines aufzuzeichnen. **›Daisy Bates in der Wüste. Eine Frau bei den Aborigines‹** (dtv, 8,40 €) lautet der Titel dieser poetischen Biografie. Keine Literaturliste wäre vollständig ohne ›den‹ Australienroman schlechthin: **Bruce Chatwin** arbeitete in seine **›Traumpfade‹** (Hanser, 24,90 €) grandiose Landschaftsbeschreibungen, Abenteuer, großes Wissen über die Kultur der Aborigines und autobiografische Elemente ein.

Post

Für internationale Pakete, Päckchen, Briefe und Karten gibt es grundsätzlich drei Versendungsarten: Air Mail (Laufzeit nach Europa sieben Tage, teuer), Economy Air (Laufzeit nach Europa sieben bis zehn Tage, preiswerter) und Sea Mail (Frachtschiff, Laufzeit bis zu drei Monaten, sehr preiswert). Alles Nähere über Post nach Übersee steht in dem Faltblättchen ›International Post‹ der ›Australia Post‹ zu lesen. Verschiedene Hauptpostämter, z.B. in Cairns, Brisbane, Alice Springs und natürlich Sydney, bewahren Post für Reisende bis zu vier Wochen auf. Briefe müssen so adressiert werden: Adressat, G.P.O. (für General Post Office), Poste Restante, Stadt, Staat, Postleitzahl, Australia. Abholung ist nur gegen Vorlage des Ausweises möglich.

Reisezeit

In Down Under herrscht, dank der Vielfalt der Klimazonen, das ganze Jahr Saison. Die Gebiete südlich des Tropic of Capricorn sollte man im australischen Frühjahr und Sommer bereisen – am besten in den Monaten Oktober bis März. Zu dieser Zeit nämlich liegen die subtropischen Hochdruckgebiete über dem Südteil des Kontinents. Meiden sollte man zwischen Dezember und März hingegen den Norden. Die Regionen nördlich des 20. Breitengrads geraten nämlich ab Ende November unter den Einfluss der Innertropischen Konvergenz, eines Hitzetiefdruck-Gürtels, der gewöhnlich heftige Unwetter, Überschwemmungen, Schwüle und, last not least, schwere Stürme mit sich bringt.

Sydney	Tages-temp.	Nacht-temp.	Wasser-temp.	Tage mit Nieder-schlag	Sonnen-stunden pro Tag
Januar	26°	18°	23°	7	7
Februar	26°	18°	24°	8	7
März	24°	17°	23°	8	6
April	22°	14°	20°	7	5
Mai	19°	11°	18°	5	5
Juni	16°	9°	18°	9	4
Juli	16°	8°	16°	5	5
August	17°	9°	17°	7	6
September	19°	11°	18°	6	6
Oktober	22°	13°	19°	9	7
November	23°	16°	19°	8	7
Dezember	25°	17°	21°	8	7

Durchschnittswerte — Quelle: Deutscher Wetterdienst, Hamburg

Souvenirs

Australien ist ein Einkaufsparadies für Souvenirjäger. Begehrt, da relativ preiswert, sind kleine Weiße- oder Fels-Opale. Viele Souvenir-Shopper stürzen sich auch auf preiswerte T-Shirts, die es

Reisedaten Ostaustralien

Flug von Deutschland	Inlandsverkehr	Reisepapiere	Devisen	Mietwagen	Benzin	Hotel	Ferienhaus	Menü	Einfaches Essen	Ortszeit
Frankfurt/M.–Sydney ab 781 €	Busfahrt Sydney Brisbane ab 42 €	Reisepass mit gültigem Visum	1€ = 1,77 austr. Dollar	ab 55 € pro Tag (unbegrenzte Kilometer, Versicherung)	In der Regel 1 Liter ± 0,50 €	Do/Frühstück:L luxuskat. ab 160 €, Mittelklasse ab 55 €	Hochsaison Woche ab: einfach 320 €, mittel 480 €, Lux. 940 €	3 Gänge mit Wein pro Pers. ab 28 €, Luxus ab 60 €	Takeaway (Mittags-) Buffet ab 4,80 €	MEZ/MSZ plus 10/8 Std. (Sydney)

Aboriginekunst darf hier gekauft werden

häufig mit sehr hübschen Aboriginal-Malereien gibt. Verkehrsschilder aus Plastik, Koala- oder Känguru–Stofftiere (aus Kängurufell) sind denkbare Alternativen. Emu-Massage-Öl und die allgegenwärtige Lanolin-Creme finden sich ebenfalls in nahezu jedem Souvenirshop. Besonders leckere Mitbringsel sind abgepackte Macadamia Nuts , die es übrigens auch mit Schoko-Überzug gibt. In den vielen Aboriginal Art Galleries. bekommt man schöne Rinden- und Steinmalereien, Holzinstrumente, Speere und vor allem Didgeridoos in allen Größen. Einsteigermodelle gibt es schon ab etwa 85 €, die gehobene Klasse beginnt bei 350 bis 450 €. Per Kurier oder auch Post kann man sich die Blasinstrumente in die Heimat schicken lassen. Auch Bumerange in allen Größen und Formen sind beliebte Souvenirs. Paktische Mitbringsel sind die großen Akubra-Hüte aus Kaninchenfell und die ledernen Drizabone-Mäntel, die Wind und Wetter standhalten.

Sport

Das ›sportliche‹ Australien gerät in Europa nur in die Schlagzeilen, wenn ein Formel-1-Rennen startet, die Australian Tennis Open oder die Australian Open Golf Championship stattfinden. Aussies selbst begeistern sich am meisten – die Mitgliederzahlen der Clubs zugrunde gelegt – an Tennis, Cricket und Australian Football. Und an Pferderennen. Wenn am ersten Dienstag im November der Melbourne Cup ausgetragen wird, ruht im Bundesstaat Victoria die Arbeit, und die übrige Nation schaut im Wettfieber via Fernseher auf die Rennbahn. Während sich die Begeisterung für Cricket dem ›Nicht-Aussie‹ nur schlecht erschließt, ist das Ballfieber für Mitteleuropäer schon eher nachvollziehbar. Fußball (soccer) ist zwar auf dem Vormarsch, populärer aber sind ›Australian Football‹ (›Footie‹ genannt und eher eine unkoordinierte Schlacht von 36 Männern als ein Ballspiel) sowie Rugby Union (ähnlich wie Footie, verläuft aber etwas humaner und wird nach internationalen Regeln gespielt) und Rugby League, die härtere Version der ›Union‹. Fast ein Drittel der australischen Bevölkerung betätigt sich ernsthaft sportlich, wobei Platz bleibt für allerlei Skurriles, z. B. die Beer Can Regatta (Phantasieboote aus Getränkebüchsen) in Darwin oder die Henley-on-Todd-Regatta im Flussbett des meist ausgetrockneten Todd River in Alice Springs. Natürlich weiß die Statistik auch, welche Sportarten die Aussies am wenigsten interessiert: Schlittenbob und – Bumerangwerfen.

Sprache

In Australien wird englisch gesprochen – oder ironisch präzise: ›strine‹ (›strein‹, abgeleitet von einem genuschelten ›Australian‹). Dieser Akzent ist für Fremde mit Schul-Englisch nur anfänglich etwas ungewohnt, schlimmer aber ist die schnelle Sprechweise der Aussies, die zudem die Angewohnheit haben, viele Wörter zu verkürzen. So wird beispielsweise aus Breakfast ›brekkie‹, aus Barbecue ›barbie‹, aus Moscito ›mozzy‹. Sprache und die einst über 200 verschiedene Dialekte der Aborigines spielen heute keine Rolle mehr in Australien, abgesehen davon, dass eine Reihe von Begriffen ins Englische übertragen oder Ortsnamen übernommen wurden.

Telefon

Handy: Das Mobil-Telefonnetz in Down Under ist erstaunlich dicht, selbst in abgelegenen Nationalparks kann man problemlos das Handy betreiben. Wer ein Handy von Deutschland aus mitnimmt, stelle es vor dem Abflug auf die Mailbox um. In Australien kann man z.B. über die Telefongesellschaft Optus in jeder Niederlassung einen ›pre paid Mobile Service‹ mit einer eigenen Telefonnummer bekommen – und zu sehr günstigen Tarifen telefonieren. Man tausche nur die SIM-Card im Mobiltelefon aus. Erkundigen sollte man sich jedoch genau nach den jeweils geltenden Tarifen. Auch vor Abrechnungsfehlern waren viele Kunden in der Vergangenheit nicht gefeit.

Telefonzellen: Wer für das Gespräch eine Zelle mit dem Emblem IDD (International Direct Dialing) wählt, bekommt eine fantastische, allerdings auch teure Satellitenverbindung nach Übersee. Nicht ratsam ist es hingegen, vom Hoteltelefon aus in der Heimat anzurufen – dabei wird man garantiert arm.

Vorwahlen: Deutschland: 0011-49; Österreich: 0011-43; Schweiz: 0011-41. Wer von Mitteleuropa aus in Australien anrufen möchte, wählt 0061, dann die Ortsnetzkennzahl ohne 0, danach die Rufnummer.

Zoll

Die Einfuhr von Lebensmitteln und sonstigen landwirtschaftlichen Produkten, von Bodenproben und Pflanzensetzlingen ist bei strenger Strafe verboten – vor allem wegen des Seuchenrisikos. Denn in Down Under fehlen natürliche Grenzen, hier breiten sich Epidemien unter den Vieh besonders schnell aus. Keine Probleme bekommt, wer Sportgeräte wie Surfbretter, Campingausrüstung, Foto und Filme sowie Videokameras, Ferngläser als auch Waren bis zum Wert von 400 A$ einführt. Volljährige dürfen zudem bis zu 250 Zigaretten bzw. 250 g Tabak oder Zigarren im Gepäck haben sowie 1 l alkoholische Getränke. Alle darüberliegenden Mengen müssen verzollt werden.

Rafting-Vergnügen in Nordqueensland

Register

Register

Fette Ziffern verweisen auf Abbildungen.

Impressum

Verlag: HB Verlag, Marco-Polo-Zentrum, 73760 Ostfildern, Postfach 3151, 73751 Ostfildern, Tel. 0711/4502-0, Fax 0711/4502-135, www.hb-verlag.de, hb@mairs.de
Geschäftsführer: Dr. Thomas Brinkmann, Dr. Stephanie Mair-Huydts

Chefredaktion und Programmleitung: Rainer Eisenschmid, Birgit Borowski
Redaktion: Wolfgang Veit, Birgit Borowski
Text: Wolfgang Veit, München
Exklusiv-Fotografie: Holger Leue
Zusätzliches Bildmaterial: Titelbild (Koala-Bär): Wildlife/Lacz
HB Verlag/Gasterland/Teschner: S. 101 unten, HB Verlag/Widmann: S. 80 links, 105 oben, Huber/Damm: S. 22 unten, laif/Heeb: S. 14/15, 52 unten, 100 oben, laif/Emmler: S. 10/11, 12/13, 16/17, 24 Mitte, 28/29 Mitte, 46/47, 98/99 unten, 107 unten, Wildlife/Lacz S. 18/19, 100 unten, 105 unten
Grafische Konzeption und Layout: CYCLUS · Visuelle Kommunikation, Stuttgart
Kartografie: © Mairs Geographischer Verlag, Ostfildern
HB Bildatlas Fotoservice: HB Verlag, Marco-Polo-Zentrum, 73760 Ostfildern, Tel. 0711/4502-266, Fax 0711/4502-1006, nebel@mairs.de

Anzeigenalleinverkauf: KV Kommunalverlag GmbH & Co. KG, MediaCenterMünchen, Postfach 810565, 81905 München, Tel. 089/928096-44/-52, Fax 089/928096-62, kramer@kommunal-verlag.de, www.mediacentermuenchen.de
Vertrieb Zeitschriftenhandel: Partner Pressevertrieb GmbH, Postfach 810420, 70521 Stuttgart, Tel. 0711/7252-227, Fax 0711/7252-310
Vertrieb Abonnement: Zenit Pressevertrieb GmbH, Postfach 810640, 70523 Stuttgart, Tel. 0711/7252-265, Fax 0711/7252-333, hbverlag@zenit-presse.de
Vertrieb Buchhandel und Einzelhefte: Mairs Geographischer Verlag, Marco-Polo-Zentrum, 73760 Ostfildern, Tel. 0711/4502-0, Fax 0711/4502-340
Reproduktionen: Otterbach Medien KG GmbH & Co., Rastatt
Druck und buchbinderische Verarbeitung: Echter Druck GmbH, Würzburg. Printed in Germany

ISBN 3-616-06179-2

Zeichenerklärung

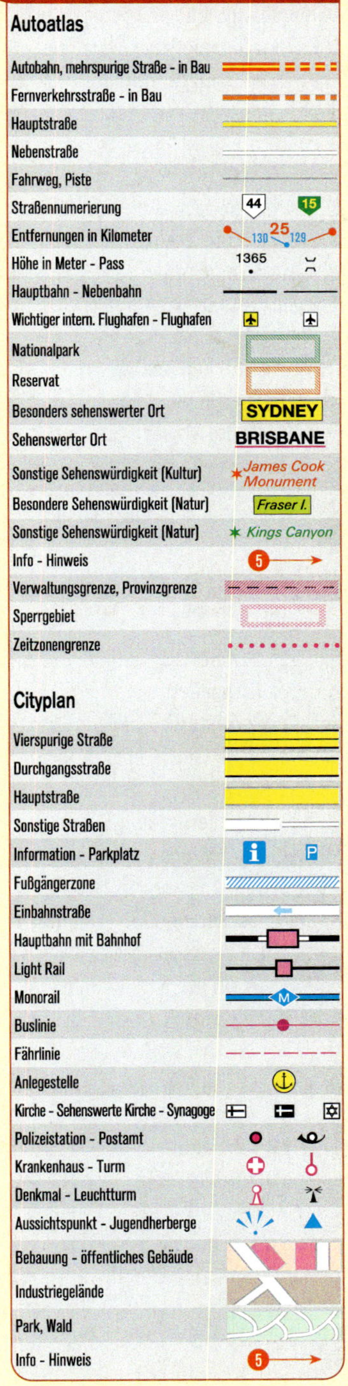

In Vorbereitung

Dresden hat alles: Schönheit, einzigartige Kulturschätze wie barocke Herrlichkeiten, kostbares Porzellan und berühmte Gemälde. Besonders sinnenfreudig gibt sich die Neustädter Kneipenszene. Dazu kommt eine landschaftlich herrliche Umgebung!

Tulpen und Windmühlen, Käse und Holzpantinen – das Hollandklischee existiert. Doch sind die Niederlande weit mehr, Frieslands und Zeelands Wassersportparadiese, das ›gebirgige‹ Limburg und das lukullische Nord-Brabant oder das herzogliche Gelderland beispielsweise.

Im Süden Norwegens liegen die höchsten Berge und die tiefsten Fjorde des Landes, die alte Hansestadt Bergen und die Hauptstadt Oslo, das Wanderparadies Hardangervidda, Bauerntäler mit lebendiger Kultur und auch das dank Nordsee-Erdöl boomende Stavanger.

Lieferbare Ausgaben

HB Bildatlas

DEUTSCHLAND

227 Allgäu
198 Altmühltal
204 Bayerischer Wald
235 Berlin
235 Berlin (englische Ausgabe)
185 Bodensee
111 Brandenburg
178 Chiemgau · Berchtesgadener Land
274 Dresden · Sächsische Schweiz
256 Eifel · Aachen
260 Elbe und Weser
163 Erfurt · Weimar · Nördliches Thüringen
171 Erzgebirge · Vogtland · Chemnitz
190 Fichtelgebirge · Frankenwald · Coburger Land
242 Frankfurt · Taunus · Rheingau
269 Fränkische Schweiz
253 Hamburg
253 Hamburg (engl. Ausgabe)
73 Hannover · Braunschweiger Land
263 Harz
188 Hessisches Bergland
234 Hunsrück · Naheland · Rheinhessen
233 Leipzig · Halle · Magdeburg
209 Lüneburger Heide
137 Mainfranken
179 Mecklenburgische Seen
240 Mecklenburg-Vorpommern
151 Mittelfranken
249 Mosel
165 München
255 Münsterland · Münster
159 Nordseeküste Schleswig-Holstein
196 Oberbayern zwischen Lech und Inn
271 Odenwald · Bergstraße
219 Osnabrücker Land · Emsland · Oldenburger Münsterland · Grafschaft Bentheim
155 Ostbayern zwischen Donau und Inn
211 Ostfriesland · Oldenburger Land
168 Ostseeküste Mecklenburg-Vorpommern
157 Ostseeküste Schleswig-Holstein
215 Pfalz
194 Potsdam · Havelland
243 Rhein zwischen Köln und Mainz
208 Rügen · Usedom · Hiddensee
161 Saarland
258 Sachsen
114 Sachsen-Anhalt
268 Sauerland
200 Schwäbische Alb
266 Schwarzwald · Norden
214 Spreewald · Lausitz · Märkisch-Oderland
247 Südlicher Schwarzwald
224 Sylt · Amrum · Föhr
182 Tauber und Neckar · Stuttgart · Heilbronn · Rothenburg
173 Teutoburger Wald · Ostwestfalen
261 Thüringen
141 Thüringer Wald
202 Trier
237 Weserbergland

BENELUX

246 Amsterdam
187 Flandern · Brüssel
62 Luxemburg
275 Niederlande · Inseln · Küste

FRANKREICH

160 Atlantikküste
122 Bretagne
217 Burgund
225 Côte d'Azur · Monaco
222 Elsass
221 Korsika
132 Normandie
229 Paris
192 Provence
184 Südfrankreich · Languedoc-Roussillon

GRIECHENLAND

193 Athen · Peloponnes
140 Griechische Inseln: Kykladen
189 Korfu · Ionische Inseln
228 Kreta
104 Rhodos · Dodekanes
166 Zypern

GROSSBRITANNIEN · IRLAND

158 Irland
197 Kanalinseln
175 London
231 Nordengland
144 Schottland
241 Südengland
216 Wales

ITALIEN · MALTA · KROATIEN

195 Adriaküste · Emilia-Romagna
239 Gardasee · Trentino
156 Golf von Neapel · Kampanien
265 Italienische Riviera
238 Kroatische Adriaküste
254 Malta
210 Mittelitalien: Marken · Umbrien · Abruzzen
270 Oberitalienische Seen · Mailand
230 Piemont · Aostatal
226 Rom
264 Sardinien
232 Sizilien
201 Süditalien: Apulien · Basilikata
207 Südtirol
267 Toskana
181 Venedig · Venetien · Friaul · Triest

MITTEL- UND OSTEUROPA

164 Böhmen
148 Danzig · Ostsee · Masuren
248 Prag
152 St. Petersburg
244 Südpolen

ÖSTERREICH

162 Burgenland
170 Kärnten
199 Niederösterreich · Wachau
218 Oberösterreich
220 Salzburger Land · Salzkammergut · Salzburg
174 Tirol
206 Wien

SCHWEIZ

154 Basel · Bern · Aargau · Solothurn
172 Tessin
191 Westschweiz

SPANIEN · PORTUGAL

236 Algarve · Lissabon
223 Andalusien
150 Costa Blanca
262 Costa Brava · Barcelona
176 Gran Canaria · Fuerteventura · Lanzarote
213 Ibiza · Menorca
259 Kanarische Inseln
245 Lanzarote
212 Mallorca
203 Nordportugal
205 Nordspanien
177 Teneriffa · La Palma · Gomera · Hierro

SKANDINAVIEN

183 Bornholm
186 Jütland
180 Nordnorwegen
276 Norwegen · Süden
169 Südfinnland · Helsinki
250 Südschweden · Stockholm

TÜRKEI

252 Türkische Mittelmeerküste

AUßEREUROPÄISCHE ZIELE

273 Australien Osten · Sydney
251 Kanadas Westen
272 New York
257 Südafrika

HB Bildatlas Special

AFRIKA · NAHER OSTEN

67 Ägypten
64 Arabien: V. A. Emirate · Oman · Kuwait · Qatar · Bahrain
52 Indischer Ozean: Madagaskar · Mauritius · La Réunion · Seychellen · Komoren
17 Israel
72 Marokko
61 Namibia
41 Syrien
71 Tunesien · Libyen

AUSTRALIEN · OZEANIEN

45 Australien: Westen
18 Neuseeland
38 Südsee

EUROPA

54 Madeira · Azoren · Kapverden

SÜD- UND SÜDOSTASIEN · FERNER OSTEN

12 Bali · Lombok · Java
10 Hongkong
53 Indien: Rajasthan · Delhi · Agra
39 Indien: Südindien
43 Peking
69 Philippinen
34 Sri Lanka und Malediven
49 Südkorea
70 Thailand
36 Vietnam

SÜD- UND MITTELAMERIKA · KARIBIK

44 Argentinien
57 Chile
55 Dominikanische Republik · Haiti
63 Ecuador und Galápagos-Inseln
60 Jamaika
65 Kleine Antillen: Antigua · Guadeloupe · Martinique · Barbados u. a.
33 Kuba
73 Mexiko
40 Mittelamerika: Guatemala · El Salvador · Honduras · Belize
51 Peru

USA · KANADA

58 Alaska
62 Florida
2 Kalifornien
32 Kanadas Osten
68 Las Vegas · Grand Canyon
46 Neuengland · Boston
35 Nordkalifornien · San Francisco
56 Nordwesten: Washington · Oregon
66 Route 66
42 Südkalifornien · Los Angeles
37 Südstaaten · Washington D. C.
26 Südwesten: Nevada · Utah · Arizona · New Mexico
59 Texas

HB Bildatlas Sonderausgaben

24 Ski-Special Alpen 2005
25 Alpen Special 2005

www. wellingtoncovers.co.nz

www. hobbitontours.com